COM_A_3070_03. Almacenamiento de productos y mercancías

Victoria Isabel Hernández Sánchez

ic editorial

COM_A_3070_03. Almacenamiento de productos y mercancías
© Victoria Isabel Hernández Sánchez

1ª Edición

© IC Editorial, 2026

Editado por: IC Editorial
c/ Cueva de Viera, 2, Local 3
Centro Negocios CADI
29200 Antequera (Málaga)
Teléfono: 952 70 60 04
Fax: 952 84 55 03
Correo electrónico: iceditorial@iceditorial.com
Internet: www.iceditorial.com

ISBN: 979-13-7027-141-1
Depósito Legal: MA 199-2026

Impresión: PODiPrint
Impreso en Andalucía – España

Nota de la editorial: IC Editorial pertenece a Innovación y Cualificación S. L.

Presentación del manual

El **Certificado Profesional,** anteriormente llamado Certificado de Profesionalidad, constituye el Grado C en el Sistema de Formación Profesional, asociado a un perfil profesional. Acredita la capacitación para el desarrollo de una actividad profesional concreta a través de las competencias adquiridas. Tiene carácter parcial y acumulable cuando existan Ciclos Formativos (Grado D) en los que sus módulos profesionales se encuentren contenidos en su totalidad o en parte.

El elemento mínimo acreditable es el **Estándar de Competencia.** La suma de las acreditaciones de los Estándares de Competencia conforma la acreditación del **Módulo Profesional** (Grado B).

Un Estándar de Competencia se define como una agrupación de tareas productivas que realiza el profesional. Los diferentes Estándares de Competencia de un Certificado Profesional conforman la **Competencia General.** Definiendo el conjunto de conocimientos y capacidades que permiten el ejercicio de una actividad profesional determinada.

Cada Estándar o Estándares de Competencia lleva asociado un Módulo Profesional, donde se describe la formación necesaria para adquirir ese Estándar de Competencia, pudiendo dividirse en **Bloques Formativos** (Grado A).

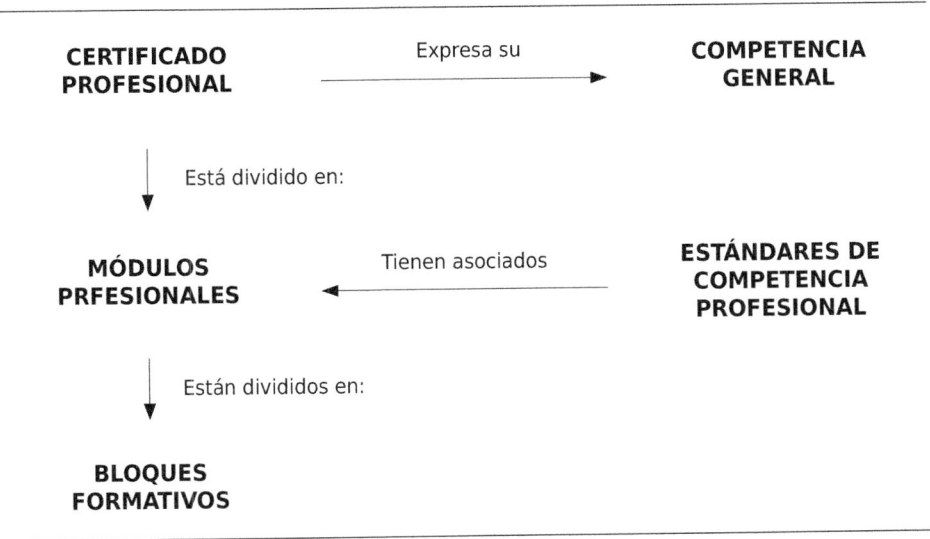

El presenta manual desarrolla el Bloque Formativo **COM_A_3070_03 Almacenamiento de productos y mercancías,**

Perteneciente al Módulo Profesional **COM_B_3070. Operaciones auxiliares de almacenaje,**

Asociado al Estándar/Estándares de Competencia:

⇨ **UC1325_1:** Realizar las operaciones auxiliares de recepción, colocación, mantenimiento y expedición de cargas en el almacén de forma integrada en el equipo.

⇨ **UC0432_1:** Manipular cargas con carretillas elevadoras.

del Certificado Profesional **COM_C_001_3B. Actividades auxiliares de almacenaje.**

COM_A_3070_03 ALMACENAMIENTO DE PRODUCTOS Y MERCANCÍAS	Tiene asociado el ⟵	ESTÁNDARES DE COMPETENCIA UC1325_1 UC0432_1

Compuesto de los siguientes
BLOQUES FORMATIVOS

TÍTULOS

COM_A_3070_01. Recepción de mercancías

COM_A_3070_02. Etiquetado de mercancías

COM_A_3070_03. Almacenamiento de productos y mercancías

COM_A_3070_04. Elaboración de inventarios de mercancías

COM_A_3070_05. Preparación de pedidos

Contenidos desarrollados en este manual

FICHA DE CERTIFICADO PROFESIONAL

COM_C_001_3B. ACTIVIDADES AUXILIARES DE ALMACENAJE (Real Decreto 212/2025, de 18 de marzo)

COMPETENCIA GENERAL: Realizar operaciones auxiliares de almacenaje de productos y mercancías, así como las operaciones de tratamiento de datos relacionadas, siguiendo protocolos establecidos, criterios comerciales y de imagen, operando con la calidad indicada, observando las normas de prevención de riesgos laborales y protección medioambiental correspondientes.

Estándares de Competencias Profesionales		Ocupaciones o puestos de trabajo relacionados
UC1325_1	Realizar las operaciones auxiliares de recepción, colocación, mantenimiento y expedición de cargas en el almacén de forma integrada en el equipo.	• Empleados/as de reposición. • Operarios/as de pedidos. • Carretilleros/as de recepción y expedición. • Contadores/as de recepción y expedición. • Operarios/as de logística. • Auxiliares de información.
UC0432_1	Manipular cargas con carretillas elevadoras.	
UC0973_1	Introducir datos y textos en terminales informáticos en condiciones de seguridad, calidad y eficiencia.	
UC0974_1	Realizar operaciones básicas de tratamiento de datos y textos, y confección de documentación.	

Correspondencia con el Catálogo Modular de Formación Profesional		
Módulos profesionales	**Bloques formativos**	**Horas**
COM_B_3001. Tratamiento informático de datos. (285 h)	COM_A_3001_01. Preparación de los equipos	50
	COM_A_3001_02. Grabación de datos y textos	90
	COM_A_3001_03. Tratamiento de textos	90
	COM_A_3001_04. Archivo e impresión	55
COM_B_3002. Aplicaciones básicas de ofimática (320 h)	COM_A_3002_01. Tramitación de información en línea	50
	COM_A_3002_02. Comunicaciones mediante correo electrónico	75
	COM_A_3002_03. Hojas de cálculo	135
	COM_A_3002_04. Elaboración de presentaciones gráficas	60
COM_B_3070. Operaciones auxiliares de almacenaje (140 h)	COM_A_3070_01. Recepción de mercancías	30
	COM_A_3070_02. Etiquetado de mercancías	20
	COM_A_3070_03. Almacenamiento de productos y mercancías	**30**
	COM_A_3070_04. Elaboración de inventarios de mercancías	30
	COM_A_3070_05. Preparación de pedidos	30
1782. Prevención de riesgos laborales		30

Índice

Unidad de aprendizaje 1
Concepto y tipos de almacenes

1. Introducción   9
2. Concepto y tipos de almacenes   10
3. Resumen   24
   Ejercicios de autoevaluación   27

Unidad de aprendizaje 2
Zonas del almacén

1. Introducción   33
2. Diseño de un almacén   34
3. Resumen   51
   Ejercicios de autoevaluación   55

Unidad de aprendizaje 3
Equipos mecánicos para la manipulación de mercancías

1. Introducción   61
2. Unidades y equipos de manipulación, almacenaje y movimiento
   de mercancías   62
3. Resumen   83
   Ejercicios de autoevaluación   85

Unidad de aprendizaje 4
Normas de seguridad, higiene y prevención en operaciones auxiliares de almacenaje

1. Introducción   91
2. Normas de seguridad e higiene que regulan la conservación
   y mantenimiento de mercancías   92
3. Seguridad y prevención en las operaciones auxiliares
   de almacenaje   101
4. Resumen   111
   Ejercicios de autoevaluación   115

Glosario   119

Bibliografía   123

OBJETIVOS GENERALES

Los objetivos generales del **COM_A_3070_03. Almacenamiento de productos y mercancías,** son los siguientes:

- ⊃ Clasificar distintos tipos de almacenes.
- ⊃ Identificar la ubicación física de las distintas zonas del almacén.
- ⊃ Describir sistemas básicos y reglas generales de ubicación de mercancías en el almacén para optimizar el espacio disponible.
- ⊃ Interpretar órdenes de movimiento de mercancías y productos para optimizar el espacio de almacenaje o proceder a su expedición o suministro.
- ⊃ Describir el funcionamiento de carretillas automotoras para la manipulación de cargas.
- ⊃ Colocar cargas o mercancías en el lugar indicado en la orden de trabajo, teniendo en cuenta las características de las mismas y sus condiciones de manipulación.
- ⊃ Utilizar medios informáticos para transmitir, con precisión, la información de los movimientos que se realizan de cargas y mercancías.
- ⊃ Aplicar y respetar las medidas de seguridad y prevención de riesgos en el almacén.
- ⊃ Mantener el almacén limpio y ordenado.

Concepto y tipos de almacenes

Contenido

1. Introducción
2. Concepto y tipos de almacenes
3. Resumen

Objetivos

Los objetivos específicos de esta Unidad de Aprendizaje son:

→ Diferenciar las funciones y características de distintos tipos de almacén, sus zonas y equipo de trabajo, en empresas/organizaciones tanto industriales, como comerciales y de servicios.

→ Identificar los criterios de actuación, integración y cooperación profesional propios del operario de almacén para ofrecer un servicio de almacén de calidad.

1. Introducción

Si echamos la vista atrás y nos remontamos históricamente a los orígenes del almacén, podemos encontrar los primeros vestigios en civilizaciones como la antigua Mesopotamia y Egipto, en torno al año 3.000 a. C. Estas primitivas formas de reserva, originalmente, estaban destinadas a la preservación de alimentos, principalmente los excedentes de las cosechas de grano, pero fueron evolucionando y, en siglos posteriores, civilizaciones como la sumeria y, sobre todo, la romana fueron desarrollando sistemas más complejos de almacenaje y comenzaron las construcciones de grandes depósitos, como las *horrea galvae* durante la época del Imperio romano.

Tras estas formas más rudimentarias de almacenaje y el progreso del comercio, los almacenes han evolucionado hasta nuestros días, pasando a ser importantes puntos estratégicos para la distribución de mercancías y su almacenaje.

Actualmente, en el área de logística y almacenaje, el almacén ha dejado de ser un simple *receptáculo* o *mero depósito* de mercancías, como era considerado antaño. A día de hoy, es un elemento crucial y altamente dinámico para el correcto funcionamiento de cualquier empresa.

A lo largo de esta unidad de aprendizaje, veremos las diferentes estructuras y tipos de almacén que una empresa puede adoptar, analizando su concepto y funciones.

Descubriremos cómo el almacén constituye una pieza fundamental en la cadena de suministro, interviniendo desde la recepción de mercancías en el muelle de descarga, hasta su preparación para la expedición. Una planificación adecuada de la ubicación, tamaño y estructura del almacén es, por lo tanto, esencial para el éxito empresarial y también para evitar accidentes laborales.

Para conocer diferentes tipos de almacén y las funciones que cumplen, nos apoyaremos en el caso de Calzados Pisafuerte. Se trata de una pequeña empresa familiar de Caravaca de la Cruz (Murcia), dedicada desde hace dos generaciones a la fabricación artesanal de calzado de piel. Actualmente, la dirige Javier, nieto del fundador, que ha decidido dar un paso adelante y lanzar una tienda *online* para vender sus productos en toda España y, en un futuro próximo, en Europa.

Hasta ahora, su almacén no era más que la trastienda del taller, un espacio donde se acumulaban cajas de zapatos, pieles y hormas sin un orden claro.

Javier sabe que, para tener éxito en el mundo *online,* necesita una logística impecable. Se enfrenta al reto de transformar ese caos en un almacén eficiente y profesional. Vamos a acompañar a Javier a lo largo todo el proceso.

2. Concepto y tipos de almacenes

☞ **HILO CONDUCTOR**

Javier, al frente de Calzados Pisafuerte, se enfrenta a su primer gran reto. Al leer sobre el concepto de "logística", se da cuenta de que su trastienda no es realmente un almacén, sino un simple depósito. Es un ente estático, un lugar donde guardar cosas.

Para poder vender *online,* garantizar entregas rápidas y sin errores, necesita transformarlo en un elemento dinámico, un espacio diseñado para que las mercancías (en su caso, cajas de zapatos, materias primas, como pieles y suelas, y embalajes para los envíos) fluyan de manera continua y ordenada.

Por tanto, la primera pregunta que debe resolver Javier es fundamental: "¿Qué tipo de almacén necesito? ¿Me conviene un almacén industrial anexo a mi taller para gestionar tanto las materias primas como el producto terminado? ¿O sería mejor un almacén comercial externo, centrado solo en la distribución?". A lo largo de este apartado, descubriremos junto a él las distintas opciones que existen para poder tomar la mejor decisión.

Comenzaremos aproximándonos al concepto de *logística,* entendiéndolo como la ciencia encargada del estudio de la disposición y estructura de los almacenes, junto con la distribución y despacho de la mercancía, de donde podemos extraer que la idea de almacén es mucho más compleja que su sentido esencial de depósito.

El concepto de "almacén" va más allá, constituyendo un espacio físico diseñado específicamente para llevar a cabo funciones vitales para la empresa como la recepción, la protección, la manipulación, la conservación y la expedición de productos, antes de su administración, uso o venta. La clave es entender que no es un ente estático, sino un elemento muy dinámico, con un flujo continuo de entradas y salidas de mercancías.

Por lo tanto, el almacén juega un papel fundamental en las relaciones comerciales de las empresas dentro de la economía mundial, que, sumado al vertiginoso ritmo de los avances tecnológicos, dotan al almacén de rapidez y constante actividad, siendo su gestión eficaz un aspecto primordial para el buen funcionamiento de la empresa.

 PARA SABER MÁS

Los *horrea galbae* custodiaban auténticos tesoros. Clica en el siguiente enlace para obtener más información; además, contiene un vídeo muy curioso sobre cómo eran estos grandes almacenes imperiales y las importantes funciones que desempeñaban.

https://redirectoronline.com/3070030101

Vista aérea de la Horrea Epagathiana y Epaphroditiana

Las **funciones** que se desarrollan en un almacén, aunque varían con el tamaño y la naturaleza del producto, comparten aspectos comunes.

Las **principales actividades** que se llevan a cabo en todos los almacenes son:

1. **Recepción de los productos.** Compuesta de tres fases:

   ○ **Antes de la llegada:** es el momento de recopilar toda la información del producto. Es crucial para anticipar el trabajo y evitar sorpresas.
   ○ **Llegada:** se traslada a la zona de recepción y se procede a su verificación cuantitativa, es decir, contando, comprobando que las cantidades solicitadas son correctas y han llegado.
   ○ **Después de la llegada:** pasamos al departamento de calidad para la verificación y control de las mercancías. Si no cumple los estándares, se devuelve; si los cumple, se almacena en el área habilitada.

2. **Almacenaje y manutención.** Donde, principalmente, cumple los propósitos de:

   ○ **Almacenaje:** es la actividad principal y la que más costes genera (maquinaria, instalaciones, personal, financieros, informáticos), sin aumentar el valor del producto. El gran desafío persigue la consecución de un nivel adecuado pero mínimo de *stock* para evitar las temidas roturas de *stock* y todo ello sin incurrir en costes excesivos por tener mercancía parada.
   ○ **Manutención:** es el trabajo realizado por los operarios para acondicionar la mercancía y facilitar su posterior expedición, manteniéndola en óptimas condiciones.
   ○ **Preparación de pedido *(picking)*:** durante este proceso, debemos dirigirnos a una zona específica del almacén y recoger la mercancía solicitada para un pedido. Esta tarea lleva aparejados unos costes importantes por personal y tiempo.

3. **Expedición.** Consiste en preparar la mercancía para que llegue en perfectas condiciones al cliente, incluyendo el embalaje, precintado, etiquetado y la emisión de la documentación que acompaña a las mercancías. Es la última fase, donde se mide la calidad del servicio.
4. **Organización y control de existencias.** Donde es fundamental establecer los criterios para disminuir costes, reducir distancias y tiempos de acceso, controlar los productos con características especiales (temperatura, peligrosidad, toxicidad) y seguir la trazabilidad. En este punto es donde un buen **SGA (sistema de gestión de almacén)** se convierte en una ventaja competitiva.

IMPORTANTE

Hoy en día, el sistema de gestión de almacén (SGA) es el cerebro que dirige casi todas las operaciones. No es un simple programa de inventario. Un SGA moderno optimiza la ubicación de cada producto, traza las rutas más cortas y eficientes para los operarios de *picking*, gestiona las entradas y salidas en tiempo real y controla la trazabilidad de cada artículo. Trabajar en un almacén actual sin un SGA es como intentar navegar en alta mar con un mapa de carreteras. Es una herramienta clave para la competitividad.

Cuando las anteriores funciones se realizan de forma eficaz y eficiente, es decir, en el menor tiempo posible y con el menor coste, la gestión del almacén conduce a las siguientes **ventajas:**

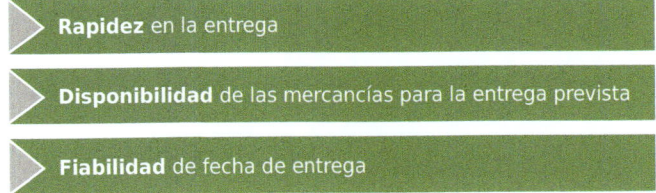

Rapidez en la entrega

Disponibilidad de las mercancías para la entrega prevista

Fiabilidad de fecha de entrega

Para lograr estos resultados, el almacén está estrechamente ligado, coordinado y en constante comunicación con otros departamentos como contabilidad, compras y ventas, constituyendo una pieza fundamental del engranaje comercial.

RECUERDA

El concepto de "almacén" ha evolucionado enormemente. Ya no es un simple edificio donde se guardan cajas (un mero depósito), sino que es un **centro logístico dinámico y vital** para la empresa. Su función principal no es almacenar por almacenar, sino garantizar un flujo constante y eficiente de mercancías, asegurando que los productos correctos estén en el lugar adecuado en el momento preciso.

La clasificación de los almacenes es muy variada y atiende a distintos parámetros, por lo que podemos encontrarnos con diferentes tipos de almacenes y distintas formas de ordenarlos, dependiendo de factores como su **función comercial, el sector industrial o el tipo de mercancía.**

NOTA

El almacén no funciona de forma aislada; es una pieza más de un engranaje muy complejo. Una mala comunicación con el departamento de compras puede hacer que llegue mercancía no esperada, colapsando la zona de recepción.

Un pico de ventas no comunicado por el departamento comercial puede vaciar las estanterías y generar roturas de *stock*. Por eso la coordinación y el flujo de información constante con el resto de la empresa son absolutamente fundamentales para que todo funcione correctamente.

A continuación, veremos los más comunes.

2.1. Por tipo de empresa y tamaño

Dependiendo del **tipo de empresa,** podemos encontrarnos principalmente con:

Almacén industrial	Habitual en las empresas manufactureras, que son las que transforman las materias primas en productos terminados (ej.: almacén de maderas para la fabricación de muebles, almacén de rollos de tela para la industria textil, etc.). Necesitan almacenes de materias primas y productos en curso.
Almacén comercial	Común en empresas distribuidoras, que son las encargadas de la asignación y abastecimiento de productos a otras empresas para su comercialización. Suelen manipular productos terminados (ej.: Mercamadrid, Mercamurcia, etc., que abastecen de mercancías a las empresas).

Los almacenes industriales guardan las materias primas, en la imagen, losas de mármol, para su incorporación al proceso productivo de las industrias constructivas.

Si nos centramos en los **tipos de almacén por tamaño,** relacionado también con su distribución geográfica, la clasificación más común recoge los siguientes:

Almacén central	Suele ubicarse cerca del centro de producción. Está diseñado para manipular grandes volúmenes y unidades completas de carga, distribuyéndolas después a los almacenes regionales y locales, por lo que suelen ser almacenes de gran tamaño.
Almacén regional	Estos almacenes son más pequeños que los anteriores, están distribuidos por el territorio comercial de la empresa y son los que abastecen a una zona geográfica específica desde los almacenes centrales. Suelen ubicarse cerca de los puntos de consumo, están diseñados para recoger cargas de grandes dimensiones y servir las mercancías mediante el uso de medios de transporte de distribución de una capacidad mucho menor, pero con mayor rapidez y movilidad. Un ejemplo de ello son las furgonetas de reparto circulando por los centros urbanos, donde hay mayor tráfico.

👁 EJEMPLO

En cuanto a los tipos de **almacén central** y **almacén regional,** ambos son clave para entender cómo se mueven las mercancías a gran escala. Para que puedas visualizarlo de forma más clara, pensemos en una empresa que todos conocemos: Mercadona.

Mercadona no tiene un único y gigantesco almacén desde donde salen los camiones a cada una de sus más de 1.600 tiendas. ¡Sería un caos! Su sistema es un ejemplo perfecto de esta clasificación:

a. **Almacenes centrales** (sus "bloques logísticos"): Mercadona cuenta con una red de grandes centros logísticos distribuidos estratégicamente por toda España (en Ribarroja de Túria (Valencia), Huévar del Aljarafe (Sevilla), o aquí cerca, en San Isidro (Alicante), entre otros). Estos son sus almacenes centrales. En ellos reciben cantidades masivas de producto directamente de los proveedores. Su función no es preparar el pedido de un cliente particular, sino recepcionar, almacenar a gran escala y, sobre todo, abastecer a los almacenes más pequeños y a las tiendas de su zona de influencia. Son el corazón de su logística.

b. **Almacenes regionales/locales** (sus "colmenas" para la venta *online):* con el auge del comercio electrónico, Mercadona ha creado almacenes más pequeños y especializados, exclusivamente, para la venta *online,* a los que llama "colmenas". Estos centros, ubicados en grandes ciudades, actúan como almacenes regionales o locales. Reciben el producto desde los bloques logísticos y su única función es preparar los pedidos que los clientes hacen a través de la web o la *app,* para después repartirlos a domicilio con su propia flota de furgonetas.

Como ves, esta estructura permite a Mercadona ser muy eficiente: grandes volúmenes en los centros logísticos principales y una distribución rápida y capilar en el último tramo gracias a las "colmenas".

2.2. Por tipo de mercancías

El tipo de mercancía que guardan es determinante para la configuración de las características y necesidades especiales que requiere el diseño de estos almacenes. Bajo esta tipología nos podemos encontrar con los siguientes:

➲ **Almacén de materias primas.** Es el encargado de custodiar los recursos naturales que, con posterioridad, pasarán a la cadena de producción para su transformación en productos en curso o en productos terminados (ej.: almacén de maderas que serán incorporadas en los diferentes procesos productivos de empresas de fabricación de muebles, casas prefabricadas o fibras de celulosa a partir de la pulpa de la madera para elaborar papel).

- **Almacén de productos en curso o semiterminados.** Estos almacenes albergan los productos que aún no han finalizado todas las fases del proceso productivo. Se guardan intencionadamente en este formato, porque con posterioridad otras empresas acabarán el proceso incorporando elementos o tareas que darán por completo y terminado el producto (ej.: almacén del sector textil que custodia complementos que después serán incorporados por otras empresas en la fabricación de prendas de vestir, como botones, bordados, ojales, etc.).
- **Almacén de productos terminados.** En este caso, contienen productos que han completado su proceso productivo, ya están terminados y preparados para ser vendidos (ej.: almacén de muebles, almacén de productos sanitarios y medicinas).
- **Almacén de repuestos.** Estos almacenes son los que guardan los accesorios o piezas que forman parte del producto terminado (ej.: almacenes relacionados con la automoción, que guardan piezas de motor, neumáticos, etc.).
- **Almacén de mercancías auxiliares.** Son los encargados de almacenar los suministros que son indispensables para llevar a cabo el proceso productivo (ej.: almacenes de combustibles industriales, químicos, etc.). Aunque cabe decir que también incluiremos aquí las mercancías auxiliares genéricas más comunes, como los fungibles de oficina o los productos de higiene y limpieza.
- **Almacén de envases y embalajes.** Que almacenan todos los materiales que son necesarios para la protección y preparación de las mercancías durante su almacenaje y transporte, como rollos de diferentes plásticos para embalar, contenedores, cajas de cartón, etc.
- **Almacén de materiales de desecho.** Es el espacio donde se guardan las mercancías que no han superado los controles de calidad, que no se pueden reparar y, por tanto, son inservibles (ej.: los neumáticos que no pasan los controles implican riesgos de seguridad que pueden estar relacionados con su adherencia, riesgo de cortes y grietas, dimensiones incorrectas, etc., y hasta su destrucción, son custodiados en este tipo de almacenes).
- **Almacén de maquinaria y equipos.** Es el lugar destinado a albergar todas las unidades de manipulación y almacenaje de mercancías que son prestados a cada operario para la realización de sus tareas (ej.: este tipo de almacenes alberga escaleras, taladradoras, carretillas, etc.).
- **Almacén frigorífico.** Estos almacenes están diseñados para mantener las mercancías perecederas que custodian a una temperatura controlada y óptima para su conservación (ej.: almacén de productos hortofrutícolas).

- **Almacén de productos químicos y medicinales.** Cumplen con la garantía de integridad y seguridad de custodia, en condiciones especiales de control tanto ambiental como de seguridad, por su naturaleza o peligrosidad (ej.: almacén de medicamentos sensibles como las vacunas).
- **Almacén de mercancía a granel.** En él se encuentran las mercancías sin envases, colocados en montones separados por tabiques o en silos (ej.: almacenes de pienso para ganadería).
- **Almacén de líquidos.** En este tipo de almacenes las mercancías están depositadas en tanques y contenedores diseñados para su conservación. El transporte se realiza en camiones cisterna, dada la naturaleza de la mercancía (ej.: almacenes con cisternas para la leche o almacenes de combustible que abastecen a las gasolineras).
- **Almacén de gases.** Están diseñados para cumplir con unas normas y medidas de seguridad especiales y que precisan de una observación y control constante, dada la peligrosidad de este tipo de mercancías (ej.: almacén de gas butano, metano, etc.).
- **Almacén de información.** Es el archivo general donde se salvaguardan los documentos de la empresa.

IMPORTANTE

La gestión de un almacén siempre se mueve en un delicado equilibrio. El gran desafío es conseguir el nivel de *stock* óptimo: debemos tener suficiente mercancía para satisfacer la demanda de los clientes y evitar las temidas roturas de *stock*, pero sin caer en un exceso de inventario que inmoviliza el dinero de la empresa y ocupa un espacio muy valioso.

VÍDEO

El mantenimiento de la temperatura en un almacén frigorífico es tan crítico que se habla de la "cadena de frío". Este concepto es vital en España y, especialmente, en zonas como la Región de Murcia, una de las mayores exportadoras de frutas y hortalizas de Europa.

La cadena de frío es el proceso de control constante de la temperatura de un producto (refrigerado o congelado) durante toda la cadena de suministro, desde

Continúa en página siguiente >>

<< Viene de página anterior

la producción hasta el consumidor final. Si esta cadena se rompe en algún punto (por ejemplo, si un camión frigorífico se avería o se deja un palé de yogures en un muelle de carga al sol), la calidad y seguridad del producto se pierden para siempre, aunque luego se vuelva a enfriar. Esto es crucial no solo para alimentos, sino también para productos farmacéuticos como las vacunas, que con un cambio de temperatura pueden hacerse completamente ineficaces. En el siguiente video, puedes ver cómo funciona.

https://redirectoronline.com/3070030102

 **VÍDEO**

En este vídeo, nos introducimos en el interior del mayor centro logístico de España.

https://redirectoronline.com/3070030103

ACTIVIDAD COMPLEMENTARIA

1. Javier, de Calzados Pisafuerte, se encuentra en una encrucijada. Sabe que necesita un almacén para su nueva tienda *online*, pero no está seguro de cuál es la mejor opción:

   ¿Debería invertir en alquilar una pequeña nave en un polígono cercano, como el Polígono Industrial Oeste de Alcantarilla, y contratar a una persona para que gestione su propio almacén?
   ¿O sería más inteligente subcontratar a una empresa especializada en logística para que se encargue de todo?

   Actúa como asesor logístico para Javier y, para ello:

   a. Investiga en internet sobre empresas de logística y transporte que operen en España y que ofrezcan servicios para *pymes* y *e-commerce* (conocidas como "operadores logísticos" o "3PL"). Busca al menos dos ejemplos.
   b. Analiza los servicios que ofrecen estas empresas: ¿se encargan de la recepción, el almacenaje, el *picking*, el embalaje y el envío?
   c. Finalmente, elabora un cuadro comparativo con las ventajas y desventajas que tendría para Calzados Pisafuerte cada una de las dos opciones:

   Opción A. Gestionar su propio almacén (logística interna).
   Opción B. Subcontratar a un operador logístico (logística externa).

2.3. Por funciones

Esta clasificación se fundamenta en el propósito y finalidad que cumplen los almacenes en relación con las mercancías que custodian. Dentro de esta tipología, resaltamos los siguientes:

- **Almacén de producción o de aprovisionamiento.** Son los almacenes de materias primas clasificados desde la óptica de la función que desempeñan, la custodia de los recursos primarios que forman parte del proceso productivo y el suministro continuo de estos a las fábricas para impedir posibles roturas de *stock*.
- **Almacén de distribución o de suministro.** Estos almacenes se sitúan en zonas estratégicas cercanas a sus clientes para poder ofrecerles garantías de *stock*, tiempos reducidos de suministro y una atención de calidad en cada servicio.

- **Almacén de plataforma, de tránsito o *cross docking*.** También son conocidos como "plataformas de distribución". Este tipo de almacenes facilita la movilidad y distribución eficiente de las mercancías entre los distintos medios de transporte. No tienen *stock* almacenado, solo se usan como áreas de tránsito, con mercancías preparadas para ser enviadas en horas (normalmente, menos de 24 h), maximizando la eficacia de la sincronización de tareas.

- **Almacén de *picking*.** La principal función de este tipo de almacenes consiste en la preparación de pedidos, recogiendo y agrupando los productos individuales o desempaquetándolos de unidades de almacenamiento de mayor volumen, hasta ir completando los pedidos de cada cliente para su envío, de forma ágil, sin cometer errores y con el menor coste posible. Dentro de la logística, es una etapa de vital importancia, ya que incide en la eficacia del proceso; también influye directamente sobre el cliente, repercutiendo en su nivel de satisfacción de compra y, por todo lo anterior, produciendo, a su vez, que los costes se incrementen. Son básicos para la comercialización al por menor y el *e-commerce.*

- **Almacén estacional.** Guardan los *stocks* de productos de temporada para atender los picos altos de demanda producidos en determinadas épocas del año.

- **Almacén de consolidación.** Se ocupan de agrupar los distintos envíos en lotes, almacenándolos según sus referencias, las rutas de distribución o por clientes finales. Este tipo de almacenes ayuda a mejorar la eficiencia del proceso logístico y contribuye a la reducción de gastos de transporte.

- **Almacén de ruptura.** Por el contrario, estos almacenes reciben grandes lotes que son desembalados para extraer los productos que irán formando los pedidos de menor tamaño de cada consumidor final (ej.: almacén o lonja de pescado).

- **Almacén de recogida.** Podemos encontramos dos casos: por un lado, el **punto de retirada de mercancías para los comercios y las distribuidoras,** y, por otro, el **punto de recogida del cliente o *just in time*** (justo a tiempo).

◉ EJEMPLO

El *cross docking* es un término que puede sonar complejo, pero que es el día a día de muchas empresas de paquetería y transporte urgente. Un par de ejemplos de empresas con almacenes *cross docking* son SEUR o Correos Express.

Continúa en página siguiente >>

<< Viene de página anterior

Cuando envías un paquete desde Murcia a, por ejemplo, A Coruña, no viaja directamente. Lo más probable es que siga un proceso de *cross docking:*

01 Recepción

El paquete llega en una furgoneta de reparto local a la plataforma logística de SEUR en Murcia, junto con cientos de paquetes más con destinos muy diversos.

02 Clasificación

En lugar de almacenarlo en un estantería, el paquete se clasifica de inmediato en la zona de expedición. Pasa por unas cintas transportadoras donde se escanea su código y el sistema lo dirige automáticamente al muelle de carga del camión que va a la plataforma logística del noroeste de España, por ejemplo, la de Benavente (Zamora).

03 Expedición

En menos de 24 h (a menudo en pocas horas), el paquete ya está cargado en un tráiler de largo recorrido, sin haber sido "almacenado" realmente.

04 Recepción

Al llegar a la plataforma de Benavente, se repite el proceso: se descarga, se clasifica y se carga en una furgoneta de reparto que cubre la zona de A Coruña para su entrega final.

Este sistema es fundamental para el *e-commerce*. Permite que un pedido realizado *online* llegue a su destino en 24 o 48 h, minimizando así los costes y el tiempo de almacenamiento. El producto prácticamente no se detiene.

Otras clasificaciones que podemos encontrarnos, sin contar las anteriores, y que también son relevantes:

- ➲ **Según el régimen jurídico:** pueden ser en propiedad, en alquiler o en régimen de *leasing*.
- ➲ **Según el régimen fiscal:** nos encontramos con los sujetos a régimen fiscal general, sin exenciones fiscales y gravados con los impuestos generales que atienden la normativa vigente (IVA, sociedades o IRPF) y los su-

jetos a un régimen fiscal especial, custodiados en depósitos aduaneros y zonas francas, donde obtienen beneficios fiscales (en las zonas francas de los aeropuertos con mercancías libres de determinados impuestos).

- **Según su ubicación (recinto):** de interior (cubiertos), claves para la protección de la mercancía, o de exterior (descubiertos), para salvaguardar aquellos productos que no deben ser guardados en el interior por cuestiones de seguridad.
- **Según el grado de automatización:** los clasificamos en convencionales, o no automatizados, automatizados o semiautomatizados.

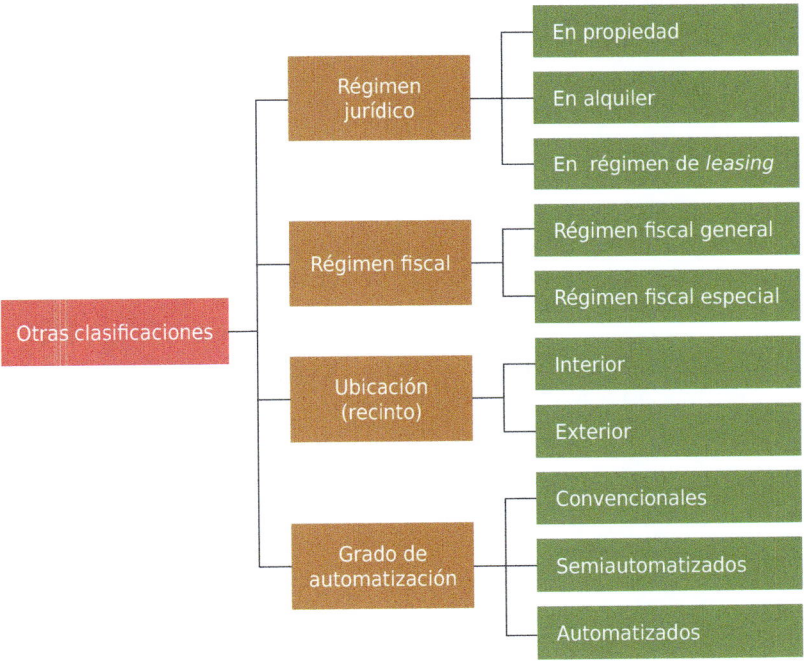

 **VÍDEO**

En este vídeo, podemos ver el interior de un almacén de Amazon y ver cómo funciona la parte robótica.

Continúa en página siguiente >>

<< Viene de página anterior

https://redirectoronline.com/3070030104

 ACTIVIDAD 1

Javier, de Calzados Pisafuerte, acaba de recibir un gran pedido de piel curtida y suelas de caucho de sus proveedores. Necesita un espacio específico para custodiar estos materiales antes de que pasen a la cadena de producción para fabricar los zapatos.

Según la clasificación por tipo de mercancía, ¿en qué tipo de almacén debería guardar estos materiales?

----

3. Resumen

La gestión de los almacenes ha evolucionado significativamente desde sus orígenes en antiguas civilizaciones, pasando de ser un simple depósito de excedentes a convertirse en un elemento estratégico y dinámico dentro de la cadena de suministro de las empresas.

Son diseñados con el principal propósito de llevar a cabo las funciones logísticas y de almacenamiento de las empresas, maximizando eficacia y eficiencia en todos los procesos, lo que implica llevar a cabo las operaciones de almacén en el menor tiempo posible y con el máximo ahorro en costes. Estos aspectos son vitales para el buen funcionamiento de la empresa, ya que, dado el continuo flujo de entradas y salidas de mercancías, cualquier error puede ocasionar serios problemas en la cadena de suministro o causar una percepción negativa en nuestros clientes que influya en las futuras relaciones con la empresa.

Las **funciones** principales que se desarrollan en un almacén, y que son críticas para su operatividad, incluyen:

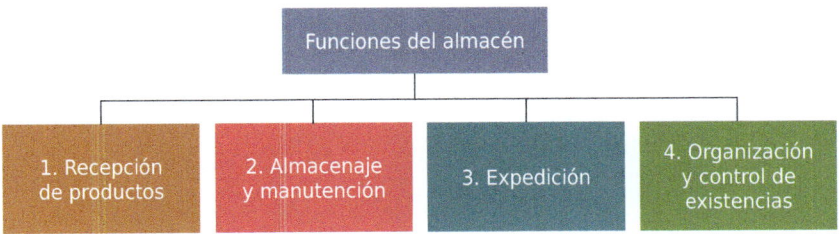

Son muchos los tipos de almacén y la forma de clasificarlos. Esto depende del enfoque que queramos darle a cada tipología.

Una forma de poder visualizar esta extensa y variada forma de clasificarlos es a través de un esquema o un mapa de ideas como el que aparece a continuación, de forma que de un solo repaso puedas ver todas las tipologías de almacén mucho más rápido.

➲ **Tipo de empresa:**

   ♻ Industrial
   ♻ Comercial
   ♻ Tamaño:
   ♻ Centrales
   ♻ Regionales

➲ **Tipo mercancías:**

   ♻ Materias primas
   ♻ Productos en curso
   ♻ Productos terminados
   ♻ Repuestos
   ♻ Mercancías auxiliares
   ♻ Envases y embalajes
   ♻ Maquinaria y equipos
   ♻ Frigorífico
   ♻ Productos químicos y medicinales
   ♻ Mercancía a granel
   ♻ Líquidos
   ♻ Gases
   ♻ Información

Tipo funciones:

- Aprovisionamiento
- Distribución
- *Cross docking*
- *Picking*
- Estacional
- Consolidación
- Ruptura
- Recogida

Otras tipologías:

- Régimen jurídico
- Régimen fiscal
- Ubicación (recinto)
- Grado automatización

Ejercicios de autoevaluación
Unidad de aprendizaje 1

1. ¿Cuál es la visión actual de un almacén en la logística moderna?

    a. Un simple depósito o receptáculo para guardar mercancías a largo plazo.

    b. Un centro logístico dinámico y vital, enfocado en el flujo constante y eficiente de productos.

    c. Un edificio destinado únicamente a la preparación de pedidos para el comercio electrónico.

    d. Una plataforma de distribución.

2. En el proceso de "recepción de los productos", ¿cuál de estas fases es la primera que debe llevarse a cabo?

    a. La verificación cuantitativa, contando los bultos a la llegada del transporte.

    b. La recopilación de toda la información del producto antes de su llegada.

    c. El control de calidad de las mercancías en el departamento correspondiente.

    d. El embalaje y etiquetado.

3. ¿Qué es la actividad de *picking,* mencionada como una de las más costosas en un almacén?

    a. Es el proceso de embalar, precintar y etiquetar la mercancía para su envío.

    b. Es el trabajo de los operarios para acondicionar la mercancía y mantenerla en buen estado.

    c. Es la operación de recoger y agrupar los productos solicitados para conformar un pedido.

    d. Es el proceso de distribuir las mercancías entre los distintos medios de transporte.

4. Si una empresa que vende calzados de todo tipo, decide guardar sus productos ya fabricados y listos para la venta en un espacio específico, ¿qué tipo de almacén estaría utilizando según la clasificación por tipo de mercancía?

    a. Almacén de materias primas
    b. Almacén de productos terminados
    c. Almacén de productos en curso
    d. Almacén de mercancías auxiliares

5. La técnica logística que consiste en recibir mercancía y despacharla directamente sin un periodo de almacenamiento intermedio se denomina:

    a. *Picking*
    b. *Cross-docking*
    c. Consolidación
    d. Transporte

6. Un almacén que guarda exclusivamente productos de temporada, como turrones o artículos de playa, para atender picos de demanda, se clasifica según su función como:

    a. Almacén de consolidación
    b. Almacén de ruptura
    c. Almacén estacional
    d. Almacén central

7. En una gran cadena de supermercados, sus grandes "bloques logísticos", que abastecen a toda una región, ¿con qué tipo de almacén se corresponde?

    a. Almacén regional
    b. Almacén central
    c. Almacén de *picking*
    d. Almacén de repuestos

8. ¿Cuál de las siguientes ventajas NO se menciona como resultado de una gestión eficaz y eficiente del almacén?

    a. Fiabilidad en la fecha de entrega
    b. Reducción del precio de venta del producto
    c. Rapidez en la entrega
    d. Disponibilidad de las mercancías para la entrega

9. Un almacén que guarda cisternas de gas butano o metano y que requiere medidas de seguridad muy especiales se clasifica por el tipo de mercancía como:

    a. Almacén de líquidos
    b. Almacén de gases
    c. Almacén de mercancías auxiliares
    d. Almacén de materias primas

10. La clasificación de un almacén como "convencional", "semiautomatizado" o "automatizado" atiende al criterio de:

    a. Régimen jurídico
    b. Grado de automatización
    c. Ubicación (recinto)
    d. Proceso productivo

Zonas del almacén

Contenido

1. Introducción
2. Diseño de un almacén
3. Resumen

Objetivos

Los objetivos específicos de esta Unidad de Aprendizaje son:

→ Identificar los criterios de actuación, integración y cooperación profesional propios del operario de almacén para ofrecer un servicio de almacén de calidad.

→ Valorar la necesidad e implicaciones de mantener el orden y limpieza en el almacén para la realización efectiva de las operaciones.

→ Diferenciar las funciones y características de distintos tipos de almacén, sus zonas y equipo de trabajo, en empresas/organizaciones tanto industriales como comerciales y de servicios.

1. Introducción

En el mundo de la gestión empresarial, bien es sabido que el fin de toda organización con ánimo de lucro es maximizar beneficios y para conseguir este objetivo hay que empezar por el almacén. Un diseño eficiente de las instalaciones es de vital importancia, ya que de la estructura definida *a priori* dependerá directamente la eficacia y desempeño del almacén.

Un mal diseño implica un mal funcionamiento continuo; es un error que incide directamente sobre el rendimiento, que será cada vez menos eficiente y que repercutirá en el resto de las áreas de la organización. Esto hace que cada vez se vayan generando sobrecostes innecesarios que pueden llegar a ser inabarcables para la empresa.

Por lo tanto, el objetivo principal de cualquier almacén es que su funcionamiento sea eficiente, es decir, que sus procesos se realicen en el menor tiempo y al mínimo coste posible. Así pues, para lograr optimizar los costes en las operaciones de almacenaje, lo primero que hay que tener en cuenta es cómo podemos distribuir de forma idónea los recursos con los que cuenta la empresa a tal efecto.

De esta manera, el punto de partida es el diseño de la estructura inicial que tendrá el almacén. En términos generales, al margen del tipo de empresa y almacén, lo importante es aprovechar el espacio disponible al máximo, permitiendo las maniobras y la circulación de la maquinaria con holgura, además de organizar el espacio de forma que los recorridos sean lo más cortos posible.

En las explicaciones anteriores dejamos a Javier, de Calzados Pisafuerte, convencido de que necesitaba transformar su caótica trastienda en un verdadero almacén. Ahora que ya conoce los distintos tipos que existen, se enfrenta al siguiente gran paso: el diseño. No se trata solo de encontrar un local más grande, sino de planificar cada metro cuadrado para que sea funcional, seguro y, sobre todo, rentable.

Acompañaremos a Javier en esta fase crucial, donde cada decisión sobre la ubicación, el tamaño y la distribución interna marcará el futuro éxito de su aventura en el *e-commerce*.

2. Diseño de un almacén

☞ HILO CONDUCTOR

Javier, al frente de Calzados Pisafuerte, ya tiene claro que necesita un almacén industrial que integre la gestión de sus materias primas y el producto terminado. Sin embargo, ahora le asaltan un sinfín de dudas prácticas: ¿es mejor alquilar una nave en el polígono industrial de Cehegín, cerca de sus proveedores de piel, o buscar algo en el de Alhama, mejor comunicado por autovía para la distribución nacional? ¿Cuántos metros cuadrados necesitará, no solo para hoy, sino pensando en crecer en los próximos cinco años? Y, una vez dentro, ¿cómo organiza el espacio? ¿Dónde coloca la zona de recepción de pieles, la de almacenamiento de cajas de zapatos, la mesa para preparar los pedidos *online...?*

Todas estas preguntas son las que resuelve un buen diseño de almacén, el *layout.* En este apartado, ayudaremos a Javier a tomar estas decisiones, analizando los factores clave, como la localización, el tamaño y la distribución de las distintas áreas y zonas de trabajo para crear un flujo operativo lógico y eficiente.

Para el desarrollo de este apartado, comenzaremos desde el principio, el momento en el que una empresa decide partir entre varias opciones: la compra, el alquiler o la construcción de un nuevo almacén. En este punto, la empresa debe realizar un **análisis previo** que contemple las principales variables que tener en cuenta de cara a la rentabilidad del proyecto. Si el diseño del almacén se hace de forma óptima, repercutirá directamente en la eficacia y eficiencia de las operaciones que se lleven a cabo en él.

Lo primero que hay que contemplar es la inversión que hay que realizar a la hora de llevar a cabo, ya sea la nueva construcción, el alquiler o la adquisición de una nave. Si la opción es la compra o el alquiler de un almacén ya existente, hay que contar con el coste de adquisición o el arrendamiento, en su caso; pero si la opción es la nueva construcción, tendremos que añadir el coste del terreno, el proyecto de construcción, los permisos administrativos y tasas necesarios para acometer la obra, así como el coste de la propia construcción. Este desembolso inicial es muy importante, porque tenemos que prever el retorno de la inversión, es decir, que empiece a ser rentable para la empresa cuanto antes.

Esta inversión también lleva aparejados otros **aspectos fundamentales** de cara al diseño de un almacén, como son los siguientes:

Localización	La ubicación del almacén debe ser estratégica, porque va a influir directamente en las operaciones de logística. Factores como las infraestructuras de comunicación por carretera o las distancias que recorrer, incluso la cercanía de la competencia, deben ser tenidas en cuenta en nuestra estrategia comercial.
Tamaño	Es imprescindible conocer la dimensión de los espacios que vamos a destinar para el almacenaje de mercancías, es decir, los metros cuadrados de superficie disponibles. Este aspecto dependerá del flujo, tamaño y tipo de mercancías, de los sistemas de almacenaje y de las distintas áreas de trabajo.
Estructura interna	La planificación de este espacio es vital para conseguir la optimización de costes que se persigue a nivel empresarial. La meta que se persigue es conseguir aprovechar la superficie disponible al máximo, de forma eficiente, permitiendo la mayor rapidez en las operaciones de logística y almacenaje para dar el mejor servicio posible a sus clientes.
Estructura externa	Donde es fundamental establecer las diferentes zonas de trabajo en el exterior del almacén, como los accesos, para una buena circulación, las zonas de carga/descarga, que conectan el almacén con los transportes, y los muelles, que adaptan las alturas del piso de almacén y del camión para reducir los tiempos de carga y descarga.

A la hora de abordar el diseño de un almacén, atravesaremos **dos etapas:**

➲ En la **primera,** se diseña la instalación en sí, el edificio, el continente.
➲ En la **segunda,** el *lay-out,* que es el diseño de los elementos y las estructuras contenidas en la instalación.

Ya conocemos los diferentes tipos de almacén atendiendo a diferentes aspectos, pero, aunque exista una disparidad de tipologías, todos confluyen en una serie de pautas:

➲ **Optimizar el aprovechamiento de espacios** verticales y horizontales dentro del almacén.
➲ **Generar el menor número posible de recorridos** en su interior, disponiendo las mercancías en función de su flujo de rotación, colocando las de mayor flujo en zonas cercanas a la zona de despacho de productos.

- **Definir y señalizar las diferentes áreas** y zonas de trabajo, de forma que sean fácilmente distinguibles.
- **Gestión de *stocks,*** identificando las mercancías que necesitan una mayor reposición para evitar roturas en la cadena de suministro.
- **Seguridad y facilidad de acceso** a las mercancías, así como la correcta ubicación de posibles artículos obsoletos.

 RECUERDA

A la hora de diseñar un almacén, ya sea grande o pequeño, el objetivo principal que debe guiar cada decisión es siempre el mismo: conseguir que su funcionamiento sea eficiente. Esto se traduce en dos metas fundamentales: realizar todos los procesos en el menor tiempo posible y con el mínimo coste. Cada elección, desde la ubicación de una estantería hasta la anchura de un pasillo, debe responder a esta pregunta: ¿me ayuda a ser más rápido y a reducir costes?

Ejemplo de zonas internas y externas de un almacén

2.1. *Lay-out* y plano del almacén

El concepto de *lay-out* es un anglicismo que en castellano equivale a lo que entendemos por un plano, diseño, esquema o croquis, que, en nuestro caso, aplicaremos al almacén. El término alude tanto al diseño y la organización de los elementos e instalaciones constitutivas de un almacén como a la forma en la que vamos a disponer físicamente las diferentes áreas en su interior. Es la parte técnica más delicada del diseño, que debe ser meditada teniendo en cuenta numerosos factores de los que dependerá y que condicionarán todo el funcionamiento del almacén y, por extensión, de la empresa.

A pesar de las diferencias existentes entre los distintos tipos de almacenes, a la hora de diseñar el plano del almacén, todos coinciden en la misma meta: un funcionamiento con la máxima eficiencia posible.

Para ello, si queremos diseñar un *lay-out* efectivo, este debe perseguir dos **objetivos** básicos:

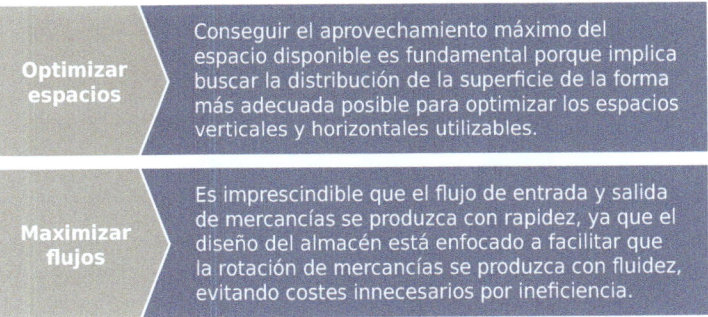

Optimizar espacios — Conseguir el aprovechamiento máximo del espacio disponible es fundamental porque implica buscar la distribución de la superficie de la forma más adecuada posible para optimizar los espacios verticales y horizontales utilizables.

Maximizar flujos — Es imprescindible que el flujo de entrada y salida de mercancías se produzca con rapidez, ya que el diseño del almacén está enfocado a facilitar que la rotación de mercancías se produzca con fluidez, evitando costes innecesarios por ineficiencia.

 **VÍDEO**

En el siguiente vídeo, puedes ver el diseño general del *lay-out* de un almacén, abordando aspectos importantes como la definición de espacios, así como su codificación, de forma que simplifiquen las operaciones de recepción y el *picking*.

https://redirectoronline.com/3070030201

El diseño del *lay-out* es fundamental para el funcionamiento óptimo de un almacén, lo que implica la planificación de la gestión y organización de toda la operativa que se desarrolla en él.

Para ello, hay que realizar un análisis que contemple:

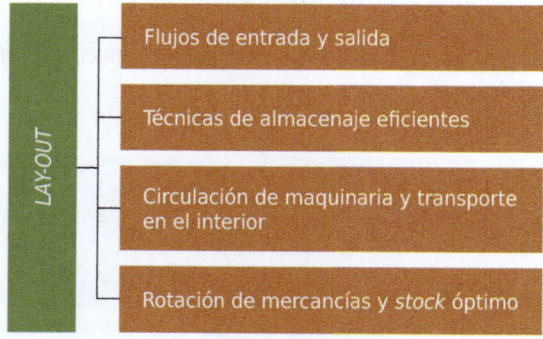

Resumiendo, lo importante es conseguir que los artículos se encuentren en el lugar correcto y en tiempo justo para poder localizarlos y manejarlos en el menor tiempo posible, con lo que, además de ahorrar en recursos, tanto económicos como humanos, así como en consumo energético, conseguiremos minimizar costes para la empresa.

A la hora de diseñar un almacén, es imprescindible tener en cuenta tanto los elementos e instalaciones que lo constituyen, como la forma en la que los vamos a disponer físicamente dentro de él; por lo tanto, hay que reflejarlo en un plano o lay-out que recoja todos estos factores que contribuirán al buen funcionamiento del almacén.

2.2. Disposición de áreas

Como hemos visto, a la hora de diseñar un almacén es imprescindible plantear una distribución del almacén que persiga la optimización de los recorridos, es decir, que estos sean lo más cortos y en el menor tiempo posible. Para conseguir esto, vamos a ver cómo las áreas no funcionan por separado y, de hecho, veremos cómo se han de disponer de forma eficiente para poder reducir los tiempos de ejecución y manipulación de cargas de los que veníamos hablando.

Factores clave que considerar en la estructura del diseño

Para comenzar, debemos partir de la base: es fundamental adaptar el almacén a las características y necesidades específicas de la empresa. Es lo primero que hay que tener en cuenta y desde donde hay que partir para empezar a estructurar nuestro diseño de almacén.

Pero aparejado a ello, además de procurar que nuestro diseño contemple la optimización de espacios disponibles y la minimización de recorridos por el almacén, tanto en el exterior como en el interior, existen una serie de cuestiones básicas pero imprescindibles que no podemos dejar de lado y que es sumamente importe remarcar:

- ⮩ El tamaño y la ubicación del almacén.
- ⮩ La distribución de los espacios internos y externos.
- ⮩ En la estructura de los estantes y los herrajes, como las estanterías, existen multitud de tipos y nuestra elección debe basarse en elegir las que mejor se adapten a nuestras necesidades de almacenaje y el tipo de mercancías. Podemos encontrar estanterías convencionales, móviles, de almacenamiento en bloque, etc.
- ⮩ Las normas de seguridad e higiene que regulan la conservación y mantenimiento de mercancías.
- ⮩ La maquinaria utilizada en la manutención (transpaletas, carretillas).

A la hora de delimitar las superficies de trabajo, podemos dividir el espacio principalmente en dos grandes áreas:

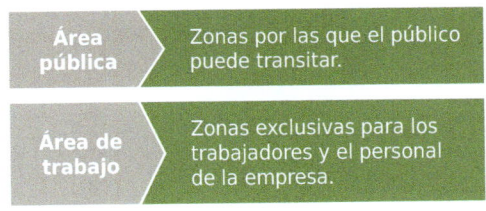

| Área pública | Zonas por las que el público puede transitar. |
| Área de trabajo | Zonas exclusivas para los trabajadores y el personal de la empresa. |

Pasillos de almacén con señalización de aviso en negro y amarillo

Además, debemos tener siempre presente que puede darse la posibilidad de que las necesidades iniciales de almacenaje cambien con el tiempo (por ejemplo, por variaciones en la naturaleza de las mercancías o la necesidad de adaptación a los cambios del mercado), dado el entorno cambiante, el continuo avance tecnológico e, incluso, los cambios en las necesidades de los consumidores.

Dado que estas expectativas pueden variar, el almacén debe tener la capacidad de cambiar su distribución constantemente para adaptarse de forma eficaz y eficiente a las nuevas exigencias de comercialización. Y una forma de facilitar posibles redistribuciones implica tener en cuenta el flujo de mercancías y la distribución de los pasillos.

Tipos de diseño según el flujo de mercancías

Los diseños de almacén más comunes con respecto a esta distribución son:

Diseño en "U"	Utiliza un solo muelle tanto para la entrada como para la salida de productos. Su principal ventaja es que las zonas de recepción y expedición se encuentran próximas, lo que permite que el mismo operario y los mismos medios de manipulación puedan ocuparse de ambas tareas.

Continúa en página siguiente >>

<< Viene de página anterior

Diseño en línea recta	Los muelles se colocan de forma opuesta, situando los de entrada en un extremo y los de salida en el otro. Esto agiliza el tránsito interior al producirse prácticamente en línea recta. Permite adaptar los muelles a diferentes medios de transporte (por ejemplo, entrada con vehículos ligeros y salida con vehículos pesados). Su desventaja es la falta de flexibilidad, ya que requiere disponer de personal y maquinaria doble y especializada, incurriendo en un sobrecoste.

EJEMPLO

Para ver de forma más clara cómo se aplican en la realidad, lo haremos a través de ejemplos reales que se dan en dos tipos de empresas diferentes:

a. **Diseño en "U" - Supermercado local.** Imagina un supermercado de barrio, como podría ser un SuperDumbo o un Consum de tu ciudad. Suelen tener un único muelle de carga en la parte trasera. Por la mañana, ese muelle se usa para la entrada de camiones que traen la leche, la fruta o la carne. A lo largo del día, ese mismo muelle se puede usar para la salida de los residuos (cartón, plástico) o para la carga de pequeños pedidos a domicilio. Como las zonas de recepción y expedición están juntas, un mismo operario con una transpaleta puede gestionar ambas tareas. Es un diseño muy común en almacenes o tiendas con un espacio más limitado y donde no hay un volumen masivo y constante de camiones.

b. **Diseño en línea recta (o en "I") - Gran centro logístico.** Ahora pensemos en un gigante como Amazon en su centro de Corvera (Murcia) y cercanía con el aeropuerto situado en la misma localidad. Su volumen de operaciones es enorme. Necesitan que el flujo sea lo más rápido y directo posible. Por eso utilizan un diseño en línea recta. Los camiones de los proveedores descargan la mercancía en los muelles de un lado del edificio (zona de recepción). Esa mercancía cruza el almacén, se ubica y se prepara para los pedidos y, finalmente, sale por los muelles del lado opuesto, donde esperan las furgonetas de reparto. Este diseño evita los cruces y cuellos de botella, permitiendo un flujo de mercancías continuo y especializado, ideal para operaciones de mucho volumen.

Tipos de diseño según la distribución de los pasillos

A la hora de plantearnos la distribución interior del almacén, es importante considerar para qué son útiles. Los pasillos sirven tanto para separar diferentes zonas como para facilitar el acceso a los operarios a los distintos lugares donde se depositan las mercancías.

Pero en este tipo de diseño lo fundamental es la forma de colocar las estanterías para saber cómo vamos a distribuir los pasillos.

Básicamente tenemos dos formas de colocarlas:

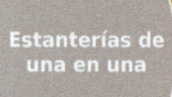

Estanterías de una en una
En este caso, nos encontramos con que para cada estantería tendremos dos pasillos. Uno estaría destinado a la reposición de mercancías y el otro para el *picking*. Esta forma de distribución es idónea para aquellos almacenes que tienen mucho flujo de mercancías, porque, si las colocamos de dos en dos, haremos que la circulación y la operativa de almacenaje se viese ralentizada.

Estanterías de dos en dos
Por el contrario, en el caso de distribuir las estanterías de dos en dos, implica que accederemos a cada una por un pasillo distinto, empezando a colocarlas partiendo de la pared para así poder aprovechar al máximo el espacio.

IMPORTANTE

Al diseñar la distribución de los pasillos, uno de los factores más críticos es determinar su anchura. Esta decisión no se puede tomar a la ligera, ya que un pasillo demasiado estrecho puede convertirse en un cuello de botella constante y una fuente de accidentes. La anchura mínima siempre dependerá del tipo de maquinaria que se vaya a utilizar. No necesita el mismo espacio una transpaleta manual que una carretilla elevadora retráctil, que requiere un pasillo mucho más ancho para poder girar y maniobrar con seguridad. Un mal cálculo en la anchura de los pasillos puede provocar una reducción drástica de la eficiencia, daños en la mercancía y en las estanterías y, lo que es más grave, un aumento considerable del riesgo de colisiones y atropellos.

2.3. Zonas de trabajo

En todo almacén existen unas áreas de trabajo bien delimitadas, que se pueden identificar por colores o mediante carteles. Aunque el diseño dependerá del tipo de mercancía y la operativa, se distinguen las siguientes partes comunes o áreas de trabajo:

Zonas comunes	Zonas auxiliares y adicionales
Zonas de carga y descarga (muelles)	*Parking* y campo de maniobra de vehículos
Zona de recepción	Zona de devoluciones
Zona de almacenamiento (reserva o *stock*)	Zona de oficinas y servicios (administración)
Zona de manipulación y preparación de pedidos *(picking)*	Cámaras frigoríficas (si las hubiere)
Zona de expedición (despacho)	Áreas auxiliares (vestuarios, botiquín, etc.)

NOTA

Cuando se diseña la disposición de las áreas o zonas de trabajo, no solo se busca optimizar los recorridos, sino también crear "vecindarios" lógicos. Por ejemplo, tiene todo el sentido que la zona de recepción esté físicamente pegada a la zona de control de calidad y cerca de la entrada a la zona de almacenamiento. De esta forma, la mercancía que llega se mueve lo menos posible antes de ser ubicada. Del mismo modo, la zona de preparación de pedidos *(picking)* y la zona de expedición suelen estar próximas para agilizar el flujo de salida de los productos hacia los muelles de carga. Pensar en estas agrupaciones lógicas es clave para un diseño eficiente.

A continuación, vamos a repasarlas de forma detallada:

Zona de carga y descarga (muelles)

Son las zonas de acceso directo para los vehículos de transporte. El diseño de los muelles está estrechamente ligado a ellas. Un buen diseño de los muelles ahorra tiempo en los procesos, por lo que deben ser espacios amplios que permitan la fácil maniobra de los vehículos y eviten la formación de colas. El número de muelles se determina por el cálculo del tiempo medio de carga y descarga.

En esta zona encontramos elementos cruciales que facilitan el trabajo y la seguridad:

- **Abrigos de muelle.** Diseñados para crear un sello hermético alrededor de los camiones, protegiendo las mercancías de condiciones climáticas adversas y ayudando a prevenir accidentes.
- **Rampas niveladoras.** Por el contrario, distribuir las estanterías de dos en dos implica que accederemos a cada una por un pasillo distinto, empezando a colocarlas partiendo de la pared, para así poder aprovechar al máximo el espacio.
- **Otros elementos.** Topes (para evitar el desplazamiento del vehículo), puertas seccionales o enrollables, sistemas de bloqueo, guías de camión y sistemas de señalización.

Zona de recepción

Debe ubicarse próxima al muelle de descarga y ser muy amplia para el espacio de maniobra de la maquinaria. Las mercancías deben permanecer aquí el mínimo tiempo imprescindible. Las operaciones clave incluyen:

Descarga y verificación	Es muy importante no solo descargar, sino también verificar el número de artículos cotejándolos con el albarán (documento crucial). Una vez firmado el albarán, el almacén es el único responsable de la mercadería.
Control de la calidad	Debemos hacer la comprobación de caducidad, roturas y que la mercancía cumpla con las características demandadas.
Clasificación de la mercancía	Para su ubicación posterior.

Zona de almacenamiento (*stock* o reserva)

Este es el espacio donde se guarda la mayor cantidad de productos. Es la parte más costosa del almacén en términos de recursos de capital. Se puede dividir internamente en pasillos para mercancías de **alta rotación** y de **baja rotación**. En el área de estanterías, generalmente existe una **zona de *picking*** (que atiende la demanda normal) y una **zona de reserva.**

Sistemas de ubicación de mercancías

El *lay-out* debe incluir sistemas de ubicación para optimizar el espacio. Existen dos modelos principales:

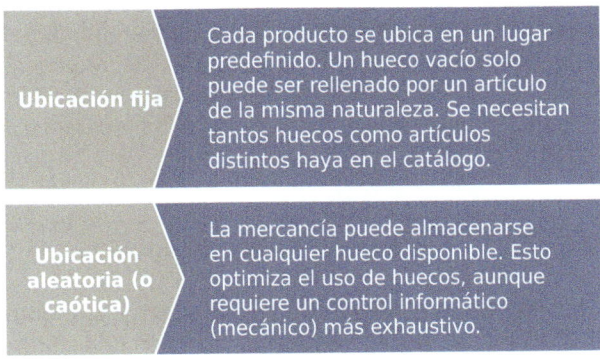

| Ubicación fija | Cada producto se ubica en un lugar predefinido. Un hueco vacío solo puede ser rellenado por un artículo de la misma naturaleza. Se necesitan tantos huecos como artículos distintos haya en el catálogo. |
| Ubicación aleatoria (o caótica) | La mercancía puede almacenarse en cualquier hueco disponible. Esto optimiza el uso de huecos, aunque requiere un control informático (mecánico) más exhaustivo. |

👁 EJEMPLO

Vamos a ver mediante un ejemplo cómo lo haría Javier en Calzados Pisafuerte:

a. **Ubicación fija - Para sus materias primas.** Javier decide que las pieles, las suelas y las hormas tendrán una **ubicación fija.** Las pieles de serraje irán siempre en la estantería A, pasillo 1; las suelas de goma en la estantería A, pasillo 2, etc. ¿Por qué? Porque son productos que siempre va a tener, fáciles de identificar y el personal del taller sabe exactamente dónde ir a buscarlos sin necesidad de consultar un sistema informático. Aunque desaproveche algún hueco, la rapidez y la sencillez para su equipo de producción son la prioridad.

b. **Ubicación aleatoria (caótica) - Para el producto terminado.** Para los zapatos ya fabricados y listos para la venta *online*, Javier decide usar una **ubicación aleatoria.** Cuando llega un lote del nuevo modelo Bota de Valverde, el sistema de gestión de almacén (SGA) le indica al operario que lo coloque en el primer hueco libre que encuentre y que tenga el tamaño adecuado. Al escanear el código de barras del producto y el de la ubicación, el sistema registra que el modelo Bota de Valverde, talla 42, color marrón, se encuentra ahora en la estantería C, pasillo 4, altura 3, hueco 5. ¿La ventaja? **Aprovecha el espacio al máximo.** No hay huecos vacíos esperando un producto concreto. La desventaja es que es **imprescindible un SGA** que controle con exactitud dónde está cada par de zapatos. Sin el sistema, sería imposible encontrar nada. Esta es la metodología que utilizan los grandes del *e-commerce* para optimizar sus enormes almacenes.

Consideraciones que debemos tener en cuenta acerca de los pasillos

Los pasillos son esenciales para la movilidad en el almacén y deben ser rectos y sin obstáculos. El ancho se establece en función de los medios de transporte necesarios y se deben minimizar las intersecciones para reducir el riesgo de colisiones. Además, es crucial dejar suficiente espacio para que los equipos de manipulación (como las transpaletas) puedan girar con comodidad.

Zona de preparación de pedidos *(picking)* y manipulación

Es el lugar donde se preparan los pedidos. Aquí se manipula el producto, se empaqueta y se etiqueta. El *picking* solo es necesario si los productos de entrada son diferentes a los que salen (ej.: entran cajas, salen palets con distintas referencias).

Las actividades que se llevan a cabo en la zona de *picking* son:

Es en este momento donde se comprueba que el documento de unidades solicitadas se ajusta al documento de unidades preparadas.

 PARA SABER MÁS

No todas las alturas de una estantería son iguales para un operario de *picking*.

En logística existe un concepto conocido como la "**zona dorada**" o "**zona ergonómica**" de almacenaje. Se refiere al área de las estanterías que queda aproximadamente entre los hombros y las rodillas del operario.

Los estudios de eficiencia y ergonomía han demostrado que colocar los productos de mayor rotación (los que más se venden, conocidos como productos A) en esta zona aumenta drásticamente la velocidad de preparación de pedidos y, lo que es más importante, reduce la fatiga y el riesgo de lesiones del trabajador al evitar que tenga que agacharse o estirarse constantemente. Si quieres saber más sobre esta y otras técnicas para organizar la mercancía de forma eficiente, puedes leer este artículo.

https://redirectoronline.com/3070030202

Zona de expediciones (zona de salida o despacho)

Esta zona sirve como lugar de manejo de la mercancía para su carga en camiones. Puede funcionar como "zona provisional de almacenaje" para productos que esperan ser cargados en los medios de transporte. Desde aquí se controla qué artículos salen y cuáles permanecen en *stock*.

Otras áreas (administrativas y auxiliares)

Es fundamental destinar espacios para la gestión y servicios:

Área administrativa y oficinas
Se encarga de gestionar la documentación generada (albaranes, pedidos), el control preciso de los inventarios y actúa como punto de comunicación.

Áreas auxiliares y de servicios internos
Incluyen vestuarios, aseos, área de descanso, botiquín, zonas de carga de baterías y otras instalaciones necesarias para el personal y el equipo.

PARA SABER MÁS

A lo largo de las explicaciones hemos hecho un repaso fundamental de las distintas zonas de trabajo que componen un almacén. Sin embargo, la forma en que estas áreas se conectan y las tecnologías que se utilizan en cada una de ellas es un mundo en sí mismo. Para profundizar en cómo se organiza un almacén moderno, desde los muelles de carga hasta la zona de expedición, te recomiendo este excelente artículo del blog de Mecalux, una de las empresas más importantes del mundo en soluciones de almacenaje. En él podrás ver diagramas y explicaciones detalladas de cada zona.

Continúa en página siguiente >>

<< Viene de página anterior

https://redirectoronline.com/3070030203

 VÍDEO

En este vídeo, podemos ver cómo llevar a cabo la zonificación de un almacén y cómo con ello se consigue optimizar su productividad y eficiencia.

https://redirectoronline.com/3070030204

 ACTIVIDAD 2

Javier, de Calzados Pisafuerte, está diseñando el *lay-out* de su nuevo almacén. Recibe grandes palés de piel (materias primas) y prepara pequeños pedidos *online* con muchos modelos de zapatos diferentes (productos terminados). Para optimizar el espacio y los recorridos, recibe una orden de trabajo que le indica que debe preparar el almacén para una operativa eficiente.

Continúa en página siguiente >>

<< Viene de página anterior

¿Cuál de las siguientes decisiones sería la más acertada según lo explicado?

a. Utilizar un sistema de ubicación fija para todos los modelos de zapatos y un diseño de flujo en línea recta, aunque solo disponga de un muelle de carga.
b. Situar la zona de *picking* lejos de la zona de expedición para así tener mucho más espacio de almacenamiento puro en la zona central del almacén.
c. Aplicar un sistema de ubicación aleatoria (caótica) para los zapatos terminados, situar los modelos de mayor venta (alta rotación) cerca de la zona de expedición y diseñar un flujo en "U" para aprovechar el mismo muelle para carga y descarga.
d. Asignar dos pasillos a cada estantería de producto terminado, uno para reponer y otro para el *picking*, y ubicar los productos de forma fija.

TAREA 1

Describe los sistemas básicos y reglas generales de ubicación de mercancías en el almacén de Calzados Pisafuerte para optimizar el espacio disponible de Javier.

ACTIVIDAD COMPLEMENTARIA

2. Javier ya ha diseñado el *lay-out* de su nuevo almacén para Calzados Pisafuerte, definiendo las distintas zonas de trabajo (recepción, almacenamiento, preparación de pedidos y expedición). Ahora, se enfrenta a una tarea muy importante: elaborar la lista de todo el equipamiento y la maquinaria que necesita para que el almacén sea operativo. No puede permitirse comprar equipos que no vaya a usar, pero tampoco puede quedarse corto y crear cuellos de botella.

   1. Investiga en webs de proveedores de logística y almacenaje (como Mecalux, Esnova, etc.) sobre el equipamiento básico utilizado en cada una de las zonas principales de un almacén.
   2. Elabora una lista detallada del equipamiento que necesitaría Calzados Pisafuerte, teniendo en cuenta que manejan cajas de zapatos (mercancía

Continúa en página siguiente >>

<< Viene de página anterior

ligera y apilable) y preparan pedidos pequeños para clientes *online.* Propón, al menos, dos elementos de equipamiento para cada una de las siguientes zonas:

– Zona de recepción
– Zona de almacenamiento
– Zona de preparación de pedidos *(picking)*
– Zona de expedición

3. Justifica brevemente la elección de cada equipo, explicando qué función cumpliría en el almacén de Javier.

3. Resumen

El **diseño de un almacén** busca la optimización de costes, la maximización del espacio (tanto vertical como horizontal) y la minimización de los recorridos. El ***lay-out*** es el diseño físico de la distribución de todos los elementos, crucial para optimizar el tiempo de preparación de pedidos y asegurar la eficiencia operativa.

El diseño debe considerar factores como el tamaño, el tipo de estanterías, los sistemas de gestión y la gestión eficaz de los recorridos. Los dos diseños de flujo principales son en "U" (un muelle para entrada y salida) y en línea recta (muelles opuestos para agilizar el tránsito).

Las **zonas de trabajo** esenciales incluyen:

Una correcta planificación y organización de estas zonas, siguiendo los parámetros definidos por el *lay-out,* garantiza la eficacia y la seguridad de las operaciones auxiliares de almacenaje.

A continuación, aparece un esquema general de los contenidos expuestos.

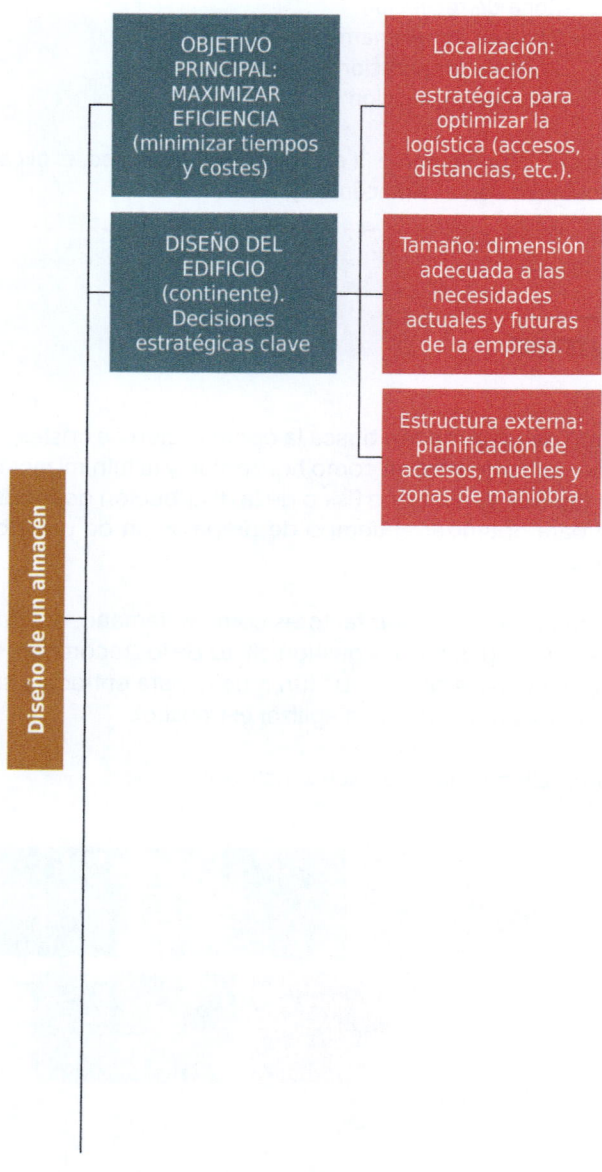

Continúa en página siguiente >>

<< Viene de página anterior

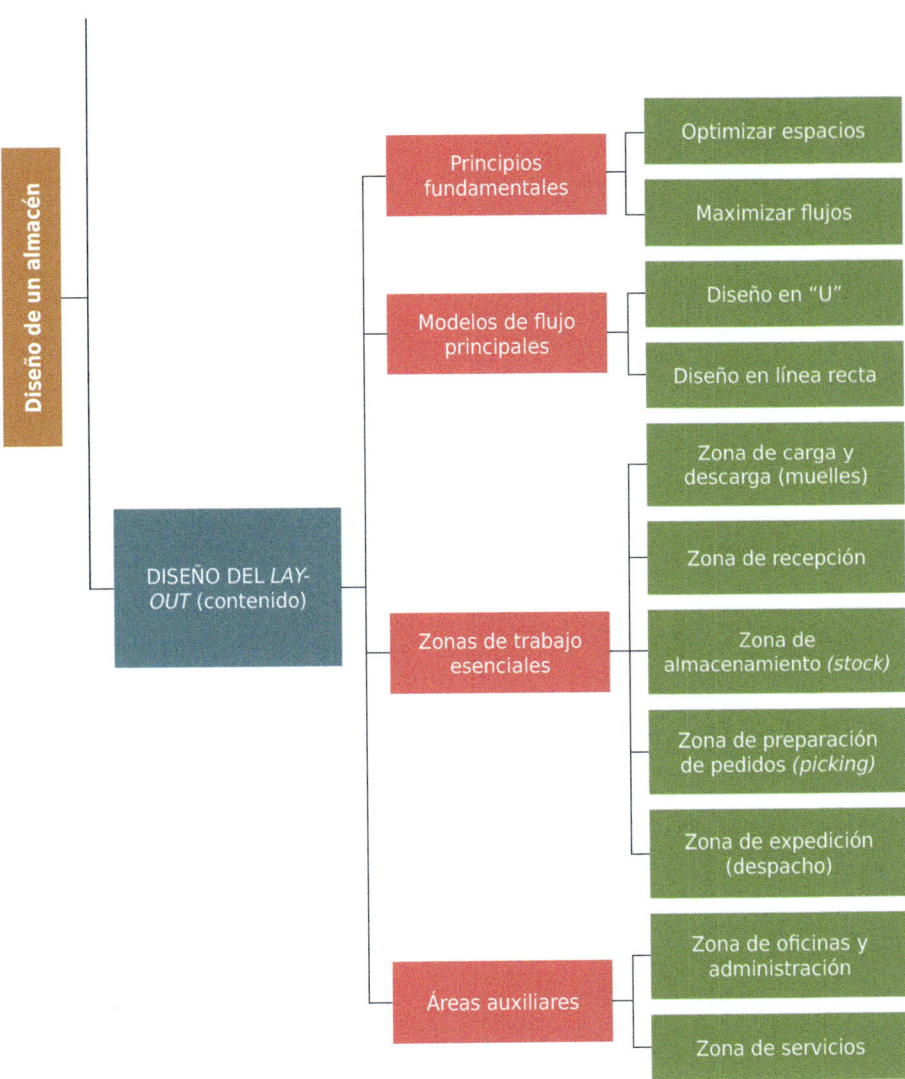

Ejercicios de autoevaluación
Unidad de aprendizaje 2

1. ¿Cuál es el objetivo principal que se persigue con un diseño eficiente del almacén?

   a. Aumentar la capacidad de almacenamiento al máximo, sin importar otros factores.
   b. Reducir el número de operarios necesarios para la operativa.
   c. Realizar los procesos en el menor tiempo y con el mínimo coste posible.
   d. Cumplir exclusivamente con la normativa de seguridad e higiene.

2. ¿A qué se refiere el término *lay-out* en el contexto del diseño de un almacén?

   a. Al coste total de la construcción del edificio.
   b. A la normativa legal que regula la ubicación de la nave.
   c. Al plano o diseño de la disposición física de los elementos y las diferentes áreas en el interior del almacén.
   d. Al tipo de contrato para la adquisición del almacén (compra, alquiler o *leasing*).

3. Un almacén que tiene los muelles de carga y descarga en lados opuestos del edificio para agilizar el tránsito interior está utilizando un diseño de flujo:

   a. En "U"
   b. En línea recta
   c. Aleatorio
   d. De consolidación

4. En la "zona de carga y descarga", ¿cuál es la función principal de las rampas niveladoras?

   a. Proteger la mercancía de las inclemencias del tiempo.
   b. Bloquear las ruedas del camión para que no se mueva.

    c. Salvar el desnivel que existe entre el piso del almacén y el del vehículo.

    d. Guiar al camión durante la maniobra de aproximación al muelle.

5. ¿Qué documento crucial se coteja con la mercancía recibida en la "zona de recepción" para verificar las cantidades antes de firmar la conformidad?

    a. La factura comercial

    b. La orden de pedido

    c. El contrato de transporte

    d. El albarán

6. ¿Qué característica principal define al sistema de "ubicación aleatoria (o caótica)"?

    a. Cada producto tiene siempre un lugar predefinido y exclusivo en el almacén.

    b. La mercancía puede almacenarse en cualquier hueco que esté disponible, optimizando el espacio.

    c. Solo se utiliza para productos de muy baja rotación.

    d. No requiere ningún tipo de control informático para su gestión.

7. ¿Cuál de estas áreas se considera una "zona auxiliar y de servicios internos" y no una zona común de operaciones?

    a. La zona de *picking*

    b. La zona de expedición

    c. La zona de carga de baterías para las carretillas

    d. La zona de almacenamiento o *stock*

8. Los dos objetivos básicos que persigue un *lay-out* efectivo son:

    a. Reducir el *stock* y aumentar la seguridad.

    b. Facilitar el acceso y cumplir la normativa.

    c. Optimizar los espacios y maximizar los flujos.

    d. Minimizar la inversión y reducir el personal.

9. **¿Para qué tipo de almacenes es más idónea una distribución de estanterías *de una en una*, con un pasillo para reponer y otro para el *picking*?**

   a. Almacenes pequeños con muy poca actividad.
   b. Almacenes que solo guardan mercancía a granel.
   c. Almacenes donde se busca aprovechar el espacio al máximo sin importar la velocidad.
   d. Almacenes que tienen un flujo muy alto de mercancías.

10. **Dentro de la "zona de preparación de pedidos", ¿cuál de las siguientes NO es una de las actividades de *picking* mencionadas en el esquema?**

    a. Empaquetado y embalaje
    b. Pesaje
    c. Etiquetado
    d. Control de calidad de la recepción

Equipos mecánicos para la manipulación de mercancías

Contenido

1. Introducción
2. Unidades y equipos de manipulación, almacenaje y movimiento de mercancías (CE e, f, g)
3. Resumen

Objetivos

Los objetivos específicos de esta Unidad de Aprendizaje son:

→ Identificar los criterios de actuación, integración y cooperación profesional propios del operario de almacén para ofrecer un servicio de almacén de calidad.

→ Valorar la necesidad e implicaciones de mantener el orden y limpieza en el almacén para la realización efectiva de las operaciones.

→ Realizar las operaciones de mantenimiento de primer nivel de los medios móviles y equipo de trabajo propios de la manipulación de mercancías en el almacén.

1. Introducción

El entorno económico en el que subsisten las empresas hoy en día es cada vez más dinámico y cambiante. Este hecho es extensible al entorno empresarial en el que convergen todas las organizaciones y, por ende, a la gestión de almacenes de estas.

Este dinamismo y aceleramiento tecnológico implica que la gestión eficaz de la mercancía no solo dependa de conocer la tipología de almacenes y sus zonas de trabajo, sino, y esto es clave, de la selección y el uso adecuado de los medios técnicos para mover, almacenar y custodiar los artículos. Un sistema de almacenaje bien diseñado no solo debe garantizar las condiciones óptimas de conservación y temperatura o la protección de la mercancía, sino también ubicarla en un lugar de fácil acceso para disminuir los tiempos de búsqueda y las operaciones de almacenaje.

Los equipos mecánicos para la manipulación de mercancías son los medios o sistemas, manuales o mecánicos, que sirven para facilitar las tareas de carga, descarga y los traslados diarios de la mercancía.

La correcta selección de estos equipos persigue la consecución de varios objetivos que, a su vez; estos son:

1. Minimizar el tiempo de manipulación y almacenamiento.
2. Evitar sobreesfuerzos y riesgos en los trabajadores al manipular las cargas.
3. Reducir costes y aumentar la eficiencia.

El volumen, la naturaleza y el movimiento de la mercancía, junto con las dimensiones del almacén, son factores determinantes para seleccionar el equipamiento, ya sea básico y manual o altamente mecanizado y automatizado.

En explicaciones anteriores, dejamos a Javier, de Calzados Pisafuerte, con el plano *(lay-out)* de su nuevo almacén ya diseñado. Ha definido las zonas de recepción, almacenamiento y expedición y ha optimizado los flujos de trabajo sobre el papel. Sin embargo, un plano no mueve cajas. Ahora se enfrenta a una decisión igualmente crucial: ¿con qué herramientas y maquinaria va a equipar ese espacio para que sea realmente operativo? Desde mover un palet pesado de suelas de caucho hasta coger una simple caja de zapatos de una estantería alta, cada movimiento requiere un equipo específico.

Ahora, ayudaremos a Javier a seleccionar los equipos de manutención más adecuados para sus necesidades, garantizando que su inversión sea eficiente y, sobre todo, segura para sus futuros trabajadores.

2. Unidades y equipos de manipulación, almacenaje y movimiento de mercancías

 ### HILO CONDUCTOR

Javier tiene claro que el éxito de Calzados Pisafuerte en el mundo *online* dependerá de la rapidez y precisión con la que prepare sus pedidos. Al analizar su operativa, se da cuenta de que necesita equipos para dos tareas muy diferentes. Por un lado, necesita mover palets completos que llegan de sus proveedores, una tarea pesada y voluminosa. Por otro, necesita que sus operarios recojan cajas de zapatos individuales de las estanterías de forma ágil y segura para preparar los pedidos de los clientes. ¿Necesita una carretilla elevadora grande? ¿O le bastará con una transpaleta y un apilador? ¿Qué son exactamente esos equipos y para qué sirve cada uno? A lo largo de este apartado, vamos a explorar el catálogo de maquinaria de almacén, desde la más sencilla a la más compleja, para que Javier pueda elegir las herramientas que mejor se adaptan a su negocio, garantizando tanto la productividad como la seguridad en todas las operaciones.

Para el desarrollo de este apartado, comenzaremos definiendo qué entendemos por equipos de manipulación, almacenaje y movimiento de mercancías o medios de manutención.

DEFINICIÓN

Medios de manutención
Es el conjunto de dispositivos, medios técnicos y sistemas, manuales o mecánicos, que permiten la manipulación, almacenaje y el movimiento de mercancías en el almacén.

Así pues, de la anterior definición podemos extraer que estos equipos de manutención son indispensables para el desarrollo de las operaciones diarias de almacenaje. Dentro de estos equipos, nos encontramos con los medios para el movimiento de cargas y mercancías (que veremos de forma ampliada más adelante) y los equipos de almacenamiento, que vamos a ver a continuación.

2.1. Equipos de almacenamiento

Como hemos visto en las anteriores unidades de aprendizaje, el buen funcionamiento de un almacén persigue que las operaciones que se realicen en él se hagan de la forma más eficaz y eficiente posible. En la consecución de este objetivo, no solo influye el diseño de almacén que se vaya a implantar, sino la forma de ordenar las mercancías en su interior, de forma que permitan organizar y maximizar la superficie disponible.

Para ello, existen diferentes equipos de almacenamiento que contribuirán a la optimización, seguridad y flujo de trabajo del almacén, como son las estanterías, las tarimas o palés y los *rolls*.

Estanterías

Son estructuras de dimensiones variables diseñadas para ubicar cargas de distinto peso, volumen y dimensión. La utilización de estanterías en baldas bien identificadas acelera la localización de la mercancía y optimiza los espacios verticales, lo cual se traduce en una mayor competitividad de la empresa.

Las estanterías pueden ser:

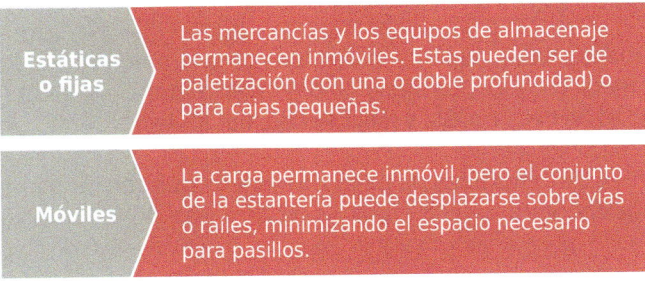

Estáticas o fijas: Las mercancías y los equipos de almacenaje permanecen inmóviles. Estas pueden ser de paletización (con una o doble profundidad) o para cajas pequeñas.

Móviles: La carga permanece inmóvil, pero el conjunto de la estantería puede desplazarse sobre vías o raíles, minimizando el espacio necesario para pasillos.

En la actualidad, podemos encontrar una amplia variedad de tipos de estanterías con las que cubrir las distintas necesidades de almacenamiento acordes a cada empresa:

- **Estanterías convencionales.** Permiten el acceso directo a cada paleta a través de los pasillos. Su principal ventaja reside en su flexibilidad, es decir, la versatilidad que tienen a la hora de adaptar sus estantes a las características de cada carga, como tamaño, espacio y peso.
- **Estanterías compactas: *drive-in* y *drive-through*.** Diseñadas para almacenar grandes cantidades de mercancía homogénea. Las *drive-in* tienen una única entrada y salida de pasillo y operan mediante el método LIFO (el último palé que entra es el primero que sale), mientras que las *drive-through* tienen la entrada y salida separadas, es decir, dejan un pasillo a cada lado y operan mediante el método FIFO (el primer palé que entra es el primero que sale), siendo adecuadas para productos con caducidad.
- **Estanterías dinámicas: gravedad y *push-back*.** Dependiendo del flujo de rotación de las mercancías y del punto en el que se recojan y depositen estas, nos encontramos con las estanterías **dinámicas por gravedad y acumulación,** que presentan una ligera inclinación sobre rodillos para aprovechar la fuerza gravitatoria, de forma que la mercancía pasa de un extremo a otro de la estantería, siguen el método FIFO, debido al alto nivel de rotación de existencias, y las **dinámicas *push-back*,** en las que el depósito y recogida de la mercancía se realiza desde el mismo extremo de la estantería (siguen el método LIFO).
- **Estanterías *cantiléver*.** Diseñadas para soportar unidades de carga voluminosas y de largas dimensiones, como perfiles metálicos o tuberías.

Tarimas o palés

Un palé es una plataforma plana utilizada para agrupar distintos materiales en un único paquete, permitiendo así el transporte y almacenaje como carga unitaria.

Se fabrican habitualmente en madera, pero también se encuentran de plástico, metal o cartón. La elección del material depende de la resistencia, capacidad de carga, coste y facilidad de manipulación.

Entre los distintos tipos de palés de madera, que son los más habituales, podemos encontrarlos con entradas de 2 o 4 vías, donde se inserta la horquilla del equipo mecánico que se use para su manipulación y traslado. Los más solicitados son los siguientes:

Palets reversibles
Este tipo de palets disponen de 2 tableros iguales que pueden soportar la misma carga, por lo que se pueden utilizar indistintamente tanto por un lado como el otro. Los más comunes se fabrican con barrotes para ambas caras y cuentan con 2 vías de entrada, aunque también los podemos encontrar con panel en ambas caras y 4 vías de entrada.

Palets de una sola cara con panel
En este caso, solo pueden ser usados por la cara del panel, puesto que no disponen de base. Los encontramos de 2 y de 4 vías de entrada.

Palets tipo ala
En este caso, se trata de palets fabricados con barrotes en una cara y no cuentan con base. Al igual que los anteriores, los encontramos de 2 y de 4 vías de entrada para las horquillas.

Rolls

Los *roll containers* son estructuras metálicas (tipo jaula) con cuatro ruedas en su base; se usan principalmente para el almacenaje y distribución de mercancía no pesada que precisa ser trasladada con frecuencia. Los distintos modelos existentes varían en función del número de paredes o lados de la jaula, encontrando los que tienen los dos laterales y la parte trasera fijos y la delantera abierta, los que tienen la parte delantera y trasera abierta, y, los que son cerrados por completo, que tienen una puerta para acceder al interior.

Son muy comunes en supermercados para el reparto de mercancías, desde el almacén a los expositores. No son apilables y su peso suele rondar los 25 kg; tienen una capacidad de carga de hasta 500 kg aproximadamente.

2.2. Paletización y contenerización

Para adentrarnos en este apartado, comenzaremos definiendo en qué consiste el concepto de unidad de manipulación o unidad de carga.

 **DEFINICIÓN**

Unidad de manipulación

Consiste en un único artículo de gran volumen o un conjunto de artículos agrupados que están diseñados para facilitar su manipulación, transporte y almacenamiento como un solo lote. El objetivo principal es reducir los recorridos y optimizar costes.

Este proceso de agrupación también recibe el nombre de "unitización".

Estas unidades de manipulación pueden ser cargadas mediante los siguientes sistemas o procesos:

Paletización	Contenerización

Paletización

Es el sistema de almacenamiento más común y universal. Consiste en agrupar varios productos sobre palets, de manera que la carga debe estar dispuesta ocupando toda la base del palé sin rebasarlo, siendo accesible desde los 4 lados (en palés de 4 entradas).

Es importante destacar los principales palets que encontraremos habitualmente en cuanto a sus dimensiones:

Palet europeo	También denominado *europalet* o EPAL (Asociación Europea de Palets). Tiene unas dimensiones de 1.200 mm (largo) x 800 mm (ancho) y están regulados por la normativa de calidad europea UNE-EN 13698-1.

Continúa en página siguiente >>

<< Viene de página anterior

Palet americano — Estos palets también son llamados *universales* o ISOpalets por estar regulados según la normativa de calidad ISO 3676, seguida en las actividades de comercio y exportación de productos a nivel global. Tienen unas dimensiones de 1.200 mm (largo) x 1.000 mm (ancho). Como vemos, estos palets son igual de largos que los europeos, pero tienen 200 mm más de anchura.

 PARA SABER MÁS

Para profundizar de forma más detallada sobre las diferencias entre los palets europeos y los americanos, consulta el siguiente enlace de interés:

https://redirectoronline.com/3070030301

Contenerización

Este sistema de carga consiste en el agrupamiento de mercancías, en un solo lote, dentro de contenedores. Este proceso es muy habitual en el transporte de mercancías voluminosas o pesadas por tierra, mar o aire.

Los contenedores están diseñados para ser resistentes, duraderos y facilitar su transbordo de un medio de transporte a otro sin que se produzcan roturas de carga y en un solo movimiento, lo que dota a este sistema de estiba de una mayor rapidez durante el proceso.

Para su transporte, están regulados por dos organismos:

ISO (International Standarization Organization)
Regula los contenedores utilizados para el transporte terrestre y marítimo a nivel internacional, con medidas de 20 pies o TEU *(twenty-foot equivalent unit)* y 40 pies o FEU *(forty-foot equivalent unit)*.

IATA (International Air Transport Association)
Organismo que regula los contenedores utilizados en el transporte aéreo. Los contenedores aéreos son adaptables a las dimensiones del tipo de avión que los transporte.

 **RECUERDA**

En el día a día del almacén, casi toda la mercancía se mueve sobre palets. Aunque existen de muchos tipos, es fundamental que interiorices las medidas de los dos más utilizados en el mundo, ya que todo (estanterías, camiones, maquinaria) está diseñado en torno a ellos:

- **Palet europeo o europalet.** Mide 1.200 x 800 mm. Es el estándar absoluto en Europa y el que te encontrarás en la inmensa mayoría de las operaciones en nuestro país.
- **Palet universal o americano.** Mide 1.200 x 1.000 mm. Aunque es más común en la logística americana y japonesa, también lo verás con frecuencia, sobre todo en el transporte de productos líquidos.

Conocer estas medidas te ayudará a entender la distribución del espacio en el almacén y en los camiones.

2.3. Transpaletas, carretillas y apiladoras

Son los equipos mecánicos utilizados para el movimiento y transporte de las mercancías en el almacén.

Transpaletas

También denominadas *transpalés,* son equipos mecánicos que permiten el traslado de mercancías por el almacén en distancias cortas y con una elevación de varios centímetros sobre el suelo. Pueden ser:

Transpaletas manuales	Necesitan la fuerza de una persona para el movimiento y la elevación que, generalmente, se producen mediante una bomba hidráulica. Estos equipos mecánicos cuentan con una capacidad máxima de hasta 3.000 kg, lo que las hace muy útiles en la carga de mercancías pesadas para su desplazamiento horizontal en distancias cortas, dado el esfuerzo exhaustivo que requieren por parte del operario que las maneja; por ello, además de implicar un uso poco intensivo, requieren circular por suelos lisos.
Transpaletas motorizadas	Son transpaletas eléctricas, ideales para transportar cargas pesadas horizontalmente, pero con mayor intensidad operativa que las manuales, ya que, en estos equipos, la fuerza de elevación y de desplazamiento se produce por los moteres eléctricos que incorporan, sustituyendo así el gran esfuerzo que requerían las anteriores por parte del operario. En estos equipos, el operario se encarga de su conducción, que puede ser como acompañante a pie o con el conductor a bordo, que también puede ir de pie en una plataforma o sentado, alcanzando una velocidad de hasta 12 km/h.

NOTA

A la hora de elegir entre un equipo manual y uno eléctrico, como una transpaleta manual frente a una transpaleta eléctrica, no solo debemos pensar en el coste de compra. Una transpaleta manual es más barata, sí, pero requiere un esfuerzo físico considerable por parte del operario, lo que reduce su velocidad y aumenta su fatiga a lo largo de la jornada. En cambio, una transpaleta eléctrica, aunque supone una inversión inicial mayor, permite al operario mover más palets por hora con mucho menos esfuerzo. A medio y largo plazo, el aumento de la productividad y la reducción de la fatiga del personal hacen que la inversión en el equipo eléctrico se amortice y resulte mucho más rentable para la empresa.

Transpaleta motorizada eléctrica

 **VÍDEO**

A través del siguiente enlace, podrás acceder a un vídeo muy didáctico sobre el funcionamiento de estos equipos mecánicos y en qué consisten.

https://redirectoronline.com/3070030302

Carretillas

Son equipos mecánicos que permiten el transporte y manipulación de mercancías, tanto en horizontal como en vertical, por el almacén a distancias más largas de las que permiten las transpaletas. Su funcionamiento se basa en la capacidad de girar sobre radios pequeños, facilitando las maniobras en espacios reducidos.

Entre los distintos tipos de carretillas, destacamos las siguientes:

- **Carretillas contrapesadas.** También llamadas "contrapesadas", reciben este nombre porque consiguen el equilibrio de la carretilla a través del contrapeso de hierro que llevan incorporado en la parte trasera, sumado al peso de la zona del conductor que va sentado en el interior. De esta manera, se logra balancear el peso que se estiba por la parte delantera, donde se encuentran las horquillas que se introducen en los palets, y el mástil por donde discurren verticalmente las horquillas, que permite la elevación de las mercancías.
Son vehículos autopropulsados por motores de combustión o baterías eléctricas y se usan de forma habitual en los muelles para la carga y descarga de camiones. Necesitan pasillos anchos de al menos 3 m para poder maniobrar, dadas sus dimensiones.
- **Carretillas retráctiles.** Este tipo de carretillas permite la manipulación de mercancías en pasillos estrechos, aprovechando mejor los espacios. Esto es posible porque cuentan con capacidad retráctil en el mástil y las horquillas. Admiten cargas similares a las carretillas contrapesadas y su altura máxima de elevación puede llegar hasta los 9 o incluso los 13 m, superior a los que puede elevar una contrapesada.
- **Carretillas trilaterales.** Permiten manipular la carga por los laterales (derecha o izquierda) y por el frente, sin necesidad de girar toda la carretilla, lo que optimiza el espacio de maniobra. Pueden operar en pasillos muy estrechos, que oscilan entre los 1,5 a 2,2 m de anchura aproximadamente y alcanzar alturas de hasta 18 m.
- **Carretillas recogepedidos.** Este tipo de carretillas permite la preparación de pedidos de forma más rápida y eficiente, ya que agilizan las maniobras de recogida de mercancía. Están compuestas por una cabina para el conductor y unas horquillas fijas que se elevan hasta la altura de *picking* deseada, que puede oscilar entre los 2 y los 12 m, dependiendo del modelo de recogepedidos. La cabina de estas carretillas se eleva con el conductor, permitiendo recoger o depositar la mercancía directamente.

RECUERDA

No todas las carretillas sirven para todos los almacenes. Es crucial entender que el tipo de máquina condiciona el entorno en el que puede operar de forma segura.

Continúa en página siguiente >>

<< Viene de página anterior

Una carretilla retráctil es fantástica para pasillos y grandes alturas, pero exige que el suelo esté liso y en perfecto estado. Sus ruedas, más pequeñas y rígidas que las de una contrapesada, no toleran baches o irregularidades.

Una carretilla trilateral permite trabajar en pasillos muy estrechos, pero es aún más exigente: necesita que el suelo esté perfectamente nivelado y liso.

Nunca olvides esta relación: a mayor especialización y altura de la carretilla, mayores son las exigencias sobre la calidad y planimetría del suelo del almacén.

Perfil de carretilla contrapesada

 **VÍDEO**

En el siguiente vídeo, podrás ver para qué se utilizan este tipo de carretillas y las ventajas que presentan frente a otro tipo de equipos mecánicos.

https://redirectoronline.com/3070030303

IMPORTANTE

En el manejo de cualquier carretilla elevadora, la información más importante que debes conocer y respetar siempre se encuentra en la placa de capacidad de carga. Esta placa es como el DNI de la carretilla y te indica el peso máximo que puede levantar de forma segura. Pero, ¡ojo!, la capacidad nominal (por ejemplo, 1.500 kg) solo es válida en unas condiciones ideales: con la carga pegada al mástil y a una altura mínima.

Recuerda siempre que la capacidad de carga real disminuye drásticamente a medida que elevas las horquillas o si el centro de gravedad de la carga está más alejado. Ignorar esta placa y sobrecargar la carretilla, especialmente en altura, es una de las causas más comunes de vuelcos y accidentes graves en un almacén.

Carretillas retráctiles en un almacén nuevo para comenzar a operar con cargas

 VÍDEO

Accede al siguiente enlace para visualizar un vídeo muy interesante sobre el concepto y la forma de operar de este tipo de carretillas.

Continúa en página siguiente >>

<< Viene de página anterior

https://redirectoronline.com/3070030304

Carretilla trilateral saliendo de un pasillo de almacén tras la manipulación y traslado de mercancías.

 **VÍDEO**

Para comprender mejor cómo son y cómo funcionan este tipo de carretillas, accede al siguiente enlace de vídeo que te permitirá entender de forma más clara cómo operan estos equipos mecánicos.

Continúa en página siguiente >>

<< Viene de página anterior

https://redirectoronline.com/3070030305

Perfil de carretilla recogepedidos en la que podemos ver las horquillas fijas donde se traslada la mercancía.

 **VÍDEO**

Para entender de forma más clara el funcionamiento de este tipo de carretillas, accede al siguiente vídeo, donde podrás ver en qué consisten y cómo funcionan.

https://redirectoronline.com/3070030306

 **PARA SABER MÁS**

No todos los robots que se mueven solos por un almacén son iguales.

Los AGV (vehículos de guiado automático), que son los robots "clásicos", necesitan seguir una ruta predefinida, como una cinta magnética en el suelo o unas guías láser, de forma similar a un tren que sigue sus vías. Si encuentran un obstáculo, se detienen y esperan a que se retire.

Sin embargo, la tecnología más moderna son los AMR (robots móviles autónomos). Estos robots son mucho más "inteligentes". Utilizan un mapa del almacén que crean mediante sensores (similar a como lo hacen los robots aspiradores de casa) y, gracias a la inteligencia artificial, son capaces de calcular la ruta más eficiente para ir de un punto a otro y, lo más importante, de esquivar obstáculos en tiempo real. Si encuentran una caja o una persona en su camino, simplemente trazan una ruta alternativa para no detenerse. Si quieres ver claramente la diferencia, este artículo lo explica de forma muy clarificadora.

https://redirectoronline.com/3070030307

Apiladoras

Las apiladoras son medios de manutención similares a las transpaletas, pero incorporan un mástil que permite elevar y apilar cargas, función que las transpaletas no pueden realizar. Son muy versátiles y se usan donde las carretillas elevadoras no caben.

Podemos encontrarnos con los siguientes tipos:

Apiladoras de tracción y elevación manual
Presentan una elevación limitada y más lenta que la que ofrecen las autopropulsadas, utilizándose para cargas más ligeras a las soportadas por los modelos eléctricos y mixtos. Por ello suelen usarse para operar en las estanterías situadas en las zonas de recepción y de expedición.

Apiladoras autopropulsadas o eléctricas
Realizan la elevación y el traslado de forma motorizada, pero necesitan un conductor a pie. Tienen una capacidad de carga de hasta 1.500 kg y una altura de elevación que puede alcanzar los 3,60 m, con mástil de triple extensión, o hasta 5,5 m en general.

Apiladoras mixtas
Combina tracción manual con elevación eléctrica, lo que las convierte en las más populares por su versatilidad.

Apiladora eléctrica, con horquillas de sujeción y mástil para la elevación de cargas.

 **VÍDEO**

Accede al siguiente enlace, donde encontrarás un vídeo muy instructivo que te permitirá una mejor comprensión acerca del funcionamiento y los diferentes modelos existentes de este tipo de apiladores.

https://redirectoronline.com/3070030308

 ACTIVIDAD COMPLEMENTARIA

3. Javier ya ha decidido que para el almacén de Calzados PISAFUERTE necesita más que una simple transpaleta. Quiere aprovechar bien la altura de la nave para almacenar el mayor número de modelos de zapatos posible y, para ello, necesita su primera carretilla elevadora. Tras una primera búsqueda, duda entre dos de los modelos más populares del mercado: la carretilla contrapesada y la carretilla retráctil.

Ayuda a Javier a tomar la mejor decisión. Para ello:

a. Realiza una labor de investigación por internet (blogs de logística, webs de fabricantes como Linde, Still, Toyota, etc.) sobre las principales características de ambos tipos de carretillas. Céntrate en las siguientes características:

   – Altura máxima de elevación.
   – Anchura de pasillo necesaria para maniobrar.
   – Tipo de suelo que requieren.
   – Versatilidad (¿sirven para interior y exterior?).

Continúa en página siguiente >>

<< Viene de página anterior

b. A partir de la investigación realizada, elabora un cuadro comparativo donde resumir las ventajas e inconvenientes de cada una de ellas, pensando siempre en las necesidades específicas de un almacén de calzado para venta *online.* ¿Qué necesita Javier?

c. Finalmente, redacta una recomendación final para Javier, indicando qué carretilla le aconsejáis comprar y por qué crees que es la mejor inversión para su negocio a medio y largo plazo.

2.4. Medios informáticos para transmitir la información de movimientos de cargas y mercancías

Los sistemas para transmitir información de movimientos de mercancías en un almacén incluyen **sistemas de gestión de almacenes (SGA o WMS)**, que controlan las operaciones y se integran con **tecnologías de identificación automática,** como lectores de códigos de barras o RFID, y sistemas de automatización, como los **sistemas de control de almacén (SCA/WCS)** para coordinar equipos automáticos. También existen sistemas más amplios como el **ERP,** que unifica la gestión general de la empresa, incluyendo la logística.

Todos ellos se exponen a continuación:

⊃ **Tecnología de identificación automática:**

  ⟆ **Códigos de barras y QR.** Identifican productos de forma unitaria. Requieren que el lector tenga una línea de visión directa.
  ⟆ **Identificación por radiofrecuencia (RFID).** Transmite datos de forma inalámbrica a través de microchips. Los lectores pueden detectar múltiples etiquetas a distancia sin línea de visión directa, lo que los hace más rápidos y eficientes para entornos de alto volumen.
  ⟆ **Internet de las cosas (IoT).** Conecta dispositivos y sensores para recopilar y transmitir datos en tiempo real, mejorando el seguimiento de productos y la gestión del inventario.

⊃ **Sistemas de control de almacén (SCA/WCS).** Controlan y coordinan los equipos automatizados dentro del almacén, como transelevadores o transportadores. Lo hacen coordinándose con los SGA/WMS de nivel superior y el *software* de los equipos automatizados para sincronizar sus movimientos y automatizar completamente la instalación.

- **Sistemas de planificación de recursos empresariales (ERP).** Los ERP unifican la gestión de todos los procesos de la empresa (finanzas, RR. HH., logística, etc.) en una única plataforma. Funcionan sincronizando la información del almacén con otras áreas de la compañía, proporcionando una visión global del negocio.
- **Sistemas de gestión de almacenes (SGA/WMS).** Los **sistemas informáticos de gestión de almacenes (SGA/WMS)** funcionan mediante la digitalización y automatización de los movimientos de mercancías. Utilizan una combinación de *hardware* y *software* para capturar, procesar y transmitir información en tiempo real, lo que permite un control preciso de las existencias y una optimización de las operaciones. Podríamos hablar del "cerebro" del almacén, que coordina y gestiona todas las operaciones, desde la recepción hasta la expedición de productos.

Funcionamiento de los SGA

A continuación, pasamos a describir **cómo se ejecutan todas las funciones de los SGA/WMS,** es decir, cómo operan estos sistemas, mediante qué procesos actúan:

- **Captura de datos:**

  - Identificación de mercancías. A cada producto se le asigna un identificador único, como un código de barras, un código QR o una etiqueta RFID.
  - Lectura de datos. Los operarios utilizan dispositivos portátiles, como lectores de códigos de barras o escáneres RFID, para capturar la información de cada producto en puntos clave del almacén (recepción, ubicación, *picking* y expedición).
  - Geolocalización. Tecnologías como el GPS o el IoT (internet de las cosas) pueden usarse para rastrear la ubicación de la mercancía dentro del almacén o durante el transporte.

- **Procesamiento y transmisión:**

  - Comunicación inalámbrica. Los dispositivos de captura de datos transmiten la información de forma inalámbrica (a través de wifi o redes móviles) al servidor central del SGA.
  - Base de datos. La información se registra y actualiza en tiempo real en la base de datos central del sistema, que contiene detalles de cada producto, su ubicación exacta y su estado.
  - Visualización. El SGA procesa los datos y los muestra en una interfaz accesible para los empleados (ordenadores, tabletas, etc.),

proporcionando una visión completa y actualizada del inventario y las operaciones.

⊃ **Ejecución de tareas:**

◑ Automatización de tareas. El sistema dirige a los operarios en sus tareas mediante instrucciones precisas enviadas a sus dispositivos portátiles. Esto puede incluir la mejor ruta para realizar el *picking* o la ubicación óptima para un producto.

◑ Sistemas automatizados. En almacenes más avanzados, el SGA puede interactuar directamente con sistemas automatizados, como robots de transporte o cintas transportadoras, para mover la mercancía de forma autónoma.

Funciones de los sistemas SGA

Seguidamente, vamos a ver las distintas funciones o actividades específicas para las que se han diseñado concretamente estos sistemas:

⊃ **Gestión de inventario y *stock*.** Controla la cantidad y el tipo de productos disponibles, su ubicación y los movimientos que realizan. Esto evita errores y discrepancias, ofreciendo un control de *stock* en tiempo real.

⊃ **Gestión de la recepción y expedición.** Permite planificar y registrar la entrada de mercancía, así como organizar y optimizar el proceso de salida para garantizar entregas correctas y a tiempo.

⊃ **Optimización de la ubicación *(slotting)*.** Asigna las ubicaciones de almacenamiento de manera inteligente en función de la demanda, el tamaño y la frecuencia de movimiento de los productos, lo que agiliza el proceso de *picking*.

⊃ **Planificación del *picking*.** Organiza las rutas de recogida de pedidos para maximizar la eficiencia y reducir los tiempos de desplazamiento de los operarios.

⊃ **Trazabilidad completa.** Permite seguir el recorrido de un producto desde que entra al almacén hasta que sale, facilitando la gestión de lotes y números de serie.

⊃ **Informes y análisis.** Genera informes detallados y métricas de rendimiento (KPI) sobre las operaciones del almacén, lo que ayuda a identificar cuellos de botella y mejorar la toma de decisiones.

⊃ **Integración con otros sistemas.** Se puede integrar con otros programas empresariales, como los sistemas ERP, para sincronizar datos con los departamentos de compras, ventas y contabilidad.

ACTIVIDAD 3

Javier, en Calzados Pisafuerte, está formando a su primer operario de almacén. Le explica que, antes de empezar a mover palets con el apilador eléctrico, hay una rutina de seguridad fundamental. Según lo aprendido sobre el manejo seguro de equipos y la importancia del orden, ¿cuál de las siguientes opciones describe la primera acción correcta que debe realizar el operario al inicio de su jornada?

a. Ir directamente a la zona de *picking* para empezar a preparar los pedidos más urgentes y así maximizar la eficiencia.

b. Revisar únicamente el nivel de carga de la batería del apilador para asegurarse de que durará todo el turno.

c. Realizar una inspección visual rápida del apilador (ruedas, horquillas, claxon, frenos) y asegurarse de que los pasillos por los que va a circular están limpios, secos y libres de obstáculos.

d. Comenzar a organizar las estanterías y reubicar palets manualmente para optimizar el espacio antes de usar la máquina.

TAREA 2

Eres el operario principal del almacén de Calzados Pisafuerte. Al inicio de la jornada, Javier te entrega la siguiente orden de trabajo generada por el sistema:

- Tarea: ubicación de mercancía recibida.
- Mercancía: 1 palet (europalet) de Piel Serraje Fina - Colección Verano.
- Ubicación actual: zona de recepción.
- Ubicación destino: estantería B, pasillo 2, nivel 4 (B-02-04).
- Equipos disponibles: transpaleta eléctrica y carretilla retráctil.

El almacén de Javier ha sido diseñado con pasillos estrechos para optimizar el espacio. La ubicación B-02-04 es una de las más altas de la estantería.

Describe, de forma detallada, los pasos que seguirás para ejecutar esta orden de trabajo. Debes incluir:

1. Qué máquina o máquinas seleccionas para la tarea.
2. Por qué seleccionas esa maquinaria (justificando su funcionamiento).

Continúa en página siguiente >>

<< Viene de página anterior

3. Cómo ejecutas la colocación final de la mercancía en su destino, respetando las características de la carga.

----

3. Resumen

A lo largo de esta unidad, hemos descubierto que la correcta selección y uso de los **equipos de manipulación y almacenaje** es tan crucial como el propio diseño del almacén. Estos equipos son las herramientas que nos permiten ejecutar las operaciones de forma **eficiente, productiva y, sobre todo, segura.**

Comenzamos por la base de toda la logística de almacén: las **unidades de carga,** principalmente el **palet** (con sus medidas estándar europeo y universal) y el **contenedor.** Sobre estas unidades trabajan todos los equipos mecánicos que hemos estudiado.

Atendiendo a su complejidad y funcionamiento, podíamos encontrarnos con:

⮑ **Equipos sencillos,** como la **transpaleta** (manual o eléctrica) para el transporte horizontal, y el **apilador** para elevar cargas a alturas bajas o medias. Son la solución ideal para operativas de menor volumen o como apoyo en grandes almacenes.
⮑ **Carretillas elevadoras,** que son el pilar de la mayoría de los almacenes. Hemos diferenciado las más importantes: la **contrapesada,** por su gran versatilidad; la **retráctil,** especialista en pasillos estrechos y grandes alturas; y las **trilaterales,** diseñadas para la máxima optimización del espacio en pasillos muy estrechos.

El correcto dominio del funcionamiento de estos equipos y su uso en función de las características de la carga y el espacio disponible nos permite optimizar al máximo el almacén, minimizando los tiempos de manipulación, reduciendo costes y, lo más importante, garantizando la seguridad en el trabajo.

Para finalizar el repaso de esta unidad, a continuación, tienes un esquema general de los contenidos.

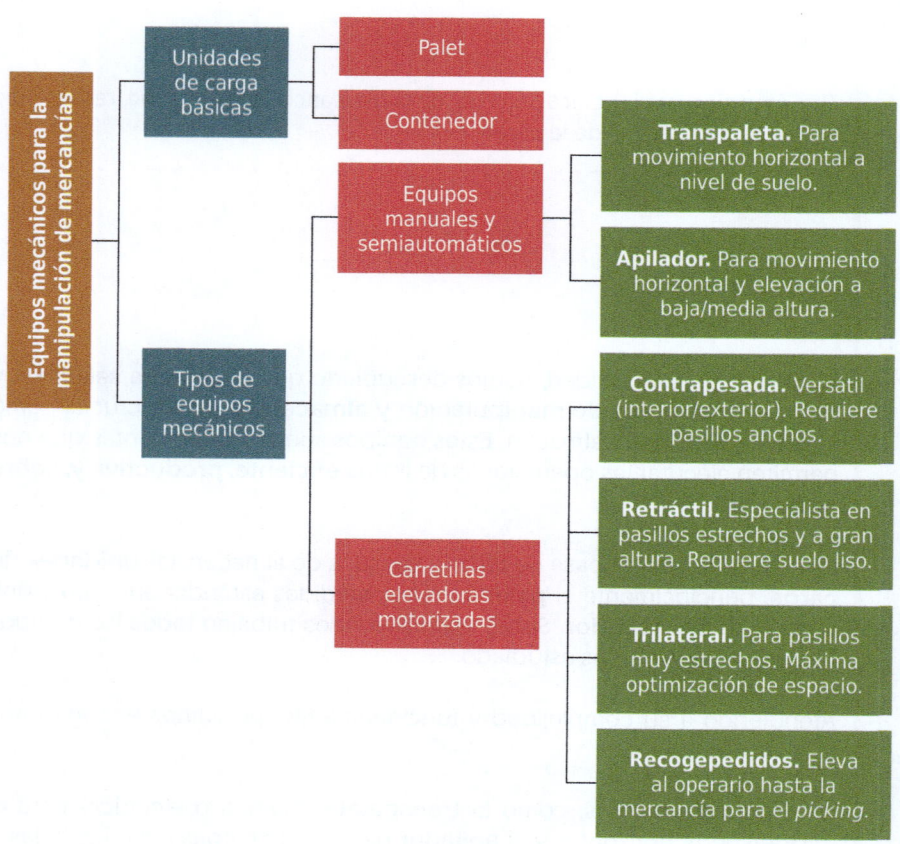

Ejercicios de autoevaluación
Unidad de aprendizaje 3

1. ¿Cuáles son las medidas estándar del palé más utilizado en Europa, conocido como "europalé"?

    a. 1.000 x 1.000 mm
    b. 1.200 x 1.200 mm
    c. 1.200 x 800 mm
    d. 1.200 x 1.000 mm

2. Para mover palets horizontalmente, a nivel de suelo en distancias cortas, sin necesidad de elevar la carga, el equipo más básico y común es:

    a. El apilador eléctrico
    b. La carretilla contrapesada
    c. El transelevador
    d. La transpaleta manual

3. ¿Qué equipo de manutención es una evolución de la transpaleta que, además de moverse, incorpora un mástil para elevar la carga a baja o media altura?

    a. La carretilla retráctil
    b. El apilador
    c. El AGV (vehículo de guiado automático)
    d. La carretilla contrapesada

4. ¿Cuál es la principal ventaja de una carretilla retráctil frente a una contrapesada?

    a. Puede trabajar tanto en interiores como en exteriores.
    b. Su coste de adquisición es significativamente menor.
    c. Necesita pasillos mucho más estrechos para operar, optimizando el espacio.
    d. No requiere que el suelo del almacén esté en buen estado.

5. Si una empresa quisiera aprovechar al máximo el espacio de su almacén utilizando pasillos de menos de 1,8 m, ¿qué tipo de carretilla necesitaría?

    a. Una carretilla contrapesada de 3 ruedas
    b. Una carretilla retráctil
    c. Una carretilla trilateral o bilateral
    d. Un apilador manual

6. Los robots que se mueven por el almacén sin conductor siguiendo una ruta predefinida (por ejemplo, una cinta magnética en el suelo) se denominan:

    a. Transelevadores.
    b. AGV (vehículos de guiado automático)
    c. Carretillas recogepedidos
    d. AMR (robots móviles autónomos)

7. ¿Qué información fundamental para la seguridad del operario se encuentra en la "placa de capacidad de carga" de una carretilla elevadora?

    a. La fecha de la última revisión de mantenimiento.
    b. El peso máximo que puede levantar de forma segura a diferentes alturas y distancias.
    c. El nombre del fabricante y el modelo del equipo.
    d. La velocidad máxima a la que puede circular por el almacén.

8. El concepto del "triángulo de estabilidad" en una carretilla elevadora es fundamental para:

    a. Calcular la eficiencia del motor.
    b. Determinar la anchura de los pasillos.
    c. Prevenir el vuelco de la máquina durante la manipulación de cargas.
    d. Establecer la altura máxima de las estanterías.

9. ¿Qué tipo de carretilla está específicamente diseñada para elevar al operario junto con la carga, facilitando el *picking* manual en estanterías altas?

    a. La carretilla retráctil
    b. El apilador
    c. La carretilla recogepedidos
    d. La carretilla contrapesada

10. Los transelevadores son equipos característicos de:

    a. Pequeños almacenes comerciales
    b. Zonas de carga y descarga de camiones
    c. Almacenes con operativas exclusivamente manuales
    d. Almacenes automáticos de gran altura

Normas de seguridad, higiene y prevención en operaciones auxiliares de almacenaje

Normas de seguridad, higiene y prevención y operaciones auxiliares de almacenaje

Contenido

1. Introducción
2. Normas de seguridad e higiene que regulan la conservación y mantenimiento de mercancías
3. Seguridad y prevención en las operaciones auxiliares de almacenaje
4. Resumen

Objetivos

Los objetivos específicos de esta Unidad de Aprendizaje son:

→ Relacionar las medidas de prevención de riesgos que deben tomarse en los accidentes habituales de las operaciones y manipulación de cargas en el almacén.

→ Valorar la necesidad e implicaciones de mantener el orden y limpieza en el almacén para la realización efectiva de las operaciones.

1. Introducción

En estos contenidos ponemos el foco en la seguridad, la higiene y la prevención de riesgos en el almacén, áreas de suma importancia, ya que constituyen la base de una cultura de trabajo que garantiza la integridad física de las personas, la conservación de las mercancías y la eficiencia de todas las operaciones.

La aplicación rigurosa de las normas de seguridad y la prevención de riesgos, así como la promoción de un entorno de trabajo limpio y ordenado, se traducen en una reducción drástica de los accidentes, un aumento de la productividad y una mejora del ambiente laboral. Un almacén seguro es un almacén eficiente.

Profundizaremos en todos los aspectos que conforman un entorno de trabajo seguro, desde la normativa legal que nos ampara y obliga hasta los detalles más prácticos del día a día, como los métodos de limpieza correctos o los hábitos de trabajo que marcan la diferencia entre una operación fluida y un posible accidente.

No se trata solo de conocer la legislación vigente, sino que lo verdaderamente interesante es entender la razón de ser de cada una de estas normas e integrarlas como parte indispensable de las competencias profesionales que proporciona estos contenidos. Dominar estos conocimientos es un factor diferenciador, que marca la distinción como trabajador cualificado, responsable y comprometido con el propio bienestar y con el de los compañeros de trabajo en el almacén.

En explicaciones anteriores, dejamos a Javier eligiendo la maquinaria para su almacén. Ya tiene su transpaleta y su apilador eléctrico listos para empezar a mover los palés de Calzados Pisafuerte. Sin embargo, se da cuenta de que tener los equipos no es suficiente. Un apilador en manos inexpertas o un simple derrame en un pasillo pueden convertir el almacén más moderno en un lugar peligroso. Javier comprende que, antes incluso de mover la primera caja, debe establecer unas reglas claras. En los siguientes apartados, lo acompañaremos en el aprendizaje más importante de todos: cómo implantar las normas de seguridad, higiene y prevención que protegerán tanto su valiosa mercancía como, y más importante aún, la salud de las personas que trabajen con él.

2. Normas de seguridad e higiene que regulan la conservación y mantenimiento de mercancías

☞ **HILO CONDUCTOR**

Javier está a punto de recibir su primer gran pedido de piel de serraje de alta calidad para la nueva colección de Calzados Pisafuerte. Sabe que el cuero es un material orgánico y delicado. Un exceso de humedad podría mancharlo o generar moho y una plaga de insectos podría arruinar por completo la materia prima, provocando una pérdida económica enorme.

Ya no se trata solo de apilar cajas, sino de conservar la mercancía en perfecto estado. ¿Necesita sistemas de ventilación especiales? ¿Debe aplicar algún tratamiento preventivo en el almacén contra plagas? ¿Cómo debe almacenar los productos de limpieza para que no contaminen la piel? En este apartado, descubriremos junto a Javier las normas de seguridad e higiene específicas que debe aplicar para garantizar la correcta conservación de sus productos, protegiendo su inversión y la calidad final de su calzado.

Cuando hablamos de un almacén, a menudo, pensamos en estanterías, carretillas y mercancías. Pero hay un elemento invisible que es fundamental para que todo funcione: **la seguridad y la higiene.** Mantener el almacén limpio y ordenado no es un aspecto secundario de la gestión de almacenaje; es, de hecho, un indicador clave del nivel de profesionalidad y eficiencia en sus operaciones. Un entorno de trabajo limpio, ordenado y con un correcto mantenimiento de las mercancías con las que opera es el primer paso para prevenir riesgos y garantizar que las mercancías se conserven en perfecto estado.

A continuación, exploraremos los fundamentos que convierten el orden y la limpieza en una herramienta de gestión indispensable, capaz de crear un ambiente de trabajo donde todos los operarios se sientan seguros y protegidos para así poder desempeñar las tareas y operaciones de almacenaje de mercancías de la forma más eficaz y eficiente posible.

2.1. Entornos de trabajo seguros y saludables

Para abordar este apartado, comenzaremos definiendo qué entendemos por un entorno de trabajo seguro y saludable.

 ## DEFINICIÓN

Entorno de trabajo seguro y saludable
Es aquel ambiente laboral en el que se han minimizado los riesgos hasta un nivel aceptable, promoviendo el bienestar físico y mental de los trabajadores.

Esto se consigue a través de un diseño adecuado de las instalaciones, el *lay-out* y una correcta gestión de las condiciones ambientales, todo ello enmarcado en la legislación vigente, principalmente la *Ley 31/1995, de 8 de noviembre, de prevención de riesgos laborales,* y el *Real Decreto 486/1997, de 14 de abril, por el que se establecen las disposiciones mínimas de seguridad y salud en los lugares de trabajo.*

⊕ PARA SABER MÁS

La *Ley 31/1995, de 8 de noviembre, de prevención de riesgos laborales* es la norma legal por la que se determina el cuerpo básico de garantías y responsabilidades preciso para establecer un adecuado nivel de protección de la salud de los trabajadores frente a los riesgos derivados de las condiciones de trabajo, en el marco de una política coherente, coordinada y eficaz.

De acuerdo con el artículo 6 de dicha ley, serán las normas reglamentarias las que fijarán y concretarán los aspectos más técnicos de las medidas preventivas, a través de normas mínimas que garanticen la adecuada protección de los trabajadores. Entre estas se encuentran necesariamente las destinadas a garantizar la seguridad y la salud en los lugares de trabajo, de manera que de su utilización no se deriven riesgos para los trabajadores.

Continúa en página siguiente >>

<< Viene de página anterior

Accede al siguiente enlace para visualizarlo:

https://redirectoronline.com/3070030401

El Real Decreto 486/1997, de 14 de abril, por el que se establecen las disposiciones mínimas de seguridad y salud en los lugares de trabajo define las obligaciones del empresario en cuanto a las condiciones constructivas, orden, limpieza y mantenimiento, señalización, instalaciones de servicio o protección, condiciones ambientales, iluminación, servicios higiénicos y locales de descanso y material y locales de primeros auxilios, de forma que proporcione a sus empleados un entorno de trabajo seguro y saludable para el desempeño de sus labores.

Entra en el siguiente enlace donde podrás ver cuáles son estas obligaciones:

https://redirectoronline.com/3070030402

Condiciones estructurales del almacén

Mantener el almacén limpio y ordenado debe ser rutinario, ya que son aspectos fundamentales que ayudan a reducir peligros y evitan la generación de nuevos riesgos.

Las principales zonas estructurales del almacén y las condiciones en las que deben mantenerse para que sean entornos seguros y saludables son:

Suelos, pasillos y vías de circulación
Los suelos deben ser fijos, estables y no resbaladizos, sin irregularidades ni pendientes peligrosas. Las vías de circulación deben estar claramente señalizadas, diferenciando las zonas para peatones de las destinadas a vehículos y equipos de manutención. La anchura de los pasillos debe ser suficiente para permitir la maniobra segura de los equipos y el cruce de personas.

Muelles de carga
Son zonas de alto riesgo. Deben estar bien iluminados, disponer de topes de seguridad para los camiones y sistemas que salven el desnivel entre el muelle y el vehículo (rampas niveladoras) de forma segura.

Puertas y portones
Las puertas automáticas deben disponer de sistemas de seguridad para evitar atrapamientos. Las vías de evacuación y sus puertas deben estar siempre despejadas y señalizadas, abriéndose hacia el exterior.

Condiciones ambientales

Las condiciones ambientales y lumínicas en el almacén deben ser adecuadas, ya que incide directamente en la siniestralidad y la productividad.

Los aspectos que debemos tener en cuenta para generar un ambiente seguro y saludable giran en torno a las siguientes áreas:

Iluminación
Una iluminación adecuada es crucial para evitar errores en la lectura de etiquetas, prevenir tropiezos y reducir la fatiga visual. Debe ser uniforme y suficiente para las tareas que se realizan, evitando deslumbramientos y zonas de sombra. La normativa establece niveles mínimos de iluminación según la exigencia visual de la tarea.

Continúa en página siguiente >>

<< Viene de página anterior

Ventilación	Es esencial para renovar el aire y evitar la concentración de polvo, vapores o gases que puedan ser nocivos para la salud. En almacenes donde se manipulan productos químicos, la ventilación forzada y los sistemas de extracción localizada son obligatorios.
Temperatura y humedad	Se deben mantener unas condiciones termohigrométricas confortables, adaptadas al tipo de actividad física que se realiza y a las características de los productos almacenados (por ejemplo, en almacenes frigoríficos).
Ruido	La exposición prolongada a niveles de ruido elevados puede provocar daños auditivos. Se deben tomar medidas para reducir el ruido en su origen (mantenimiento de máquinas, uso de equipos menos ruidosos) y, si no es posible, proporcionar protección auditiva a los trabajadores.

DEFINICIÓN

Condiciones termohigrométricas

Son las condiciones de temperatura, humedad, ventilación y presión atmosférica del ambiente. Mal reguladas pueden dar lugar a un ambiente térmico poco confortable con las siguientes consecuencias en los operarios:

- Fatiga, insatisfacción y malestar.
- Dificultad para realizar las tareas y disminución del rendimiento físico y mental.
- Reducción de la productividad.
- Distracciones que pueden provocar accidentes y múltiples quejas.

La metodología de las 5S

Para lograr y mantener el orden y la limpieza de manera sistemática, muchas empresas implementan la **metodología japonesa de las 5S.** Es una herramienta sencilla pero muy potente que **se basa en cinco principios:**

1. *Seiri* **(clasificar).** Separar lo necesario de lo innecesario en el puesto de trabajo y eliminar lo que no sirve.
2. *Seiton* **(ordenar).** Establecer un lugar para cada cosa y que cada cosa esté en su lugar. Facilita la localización rápida de herramientas y materiales.
3. *Seiso* **(limpiar).** No se trata solo de barrer, sino de identificar y eliminar las fuentes de suciedad para prevenir que el desorden y la suciedad vuelvan a aparecer.
4. *Seiketsu* **(estandarizar).** Crear normas y procedimientos para mantener las tres primeras "S". Señalizar, establecer códigos de colores, etc.
5. *Shitsuke* **(mantener la disciplina).** Convertir la metodología en un hábito. Fomentar el compromiso de todo el personal a través de la formación y la auditoría continua.

La implantación de las 5S no solo mejora la seguridad, sino que optimiza el tiempo, reduce los desperdicios y mejora la calidad del trabajo.

2.2. Métodos, equipos y materiales de limpieza

La limpieza en un entorno industrial como un almacén requiere de una planificación y unos medios específicos, muy diferentes a los de un entorno doméstico. El objetivo es eliminar la suciedad, controlar los residuos y garantizar la higiene de las instalaciones y la correcta conservación de las mercancías.

Plan de limpieza

Un plan de limpieza eficaz debe definir:

> **Plan de limpieza**
> - **¿Qué limpiar?** Zonas, equipos, estanterías, etc.
> - **¿Cuándo limpiar?** La frecuencia (diaria, semanal, mensual).
> - **¿Cómo limpiar?** El método y los productos que utilizar.
> - **¿Con qué limpiar?** Los equipos y materiales necesarios.
> - **¿Quién limpia?** El personal responsable de cada tarea.

Tipos de limpieza

Existen dos formas de llevar a cabo la limpieza en entornos industriales:

Limpieza manual	Se realiza con herramientas sencillas. A pesar de la mecanización, sigue siendo necesaria para zonas de difícil acceso, limpieza de maquinaria o derrames puntuales.
Limpieza mecánica	Se utilizan máquinas que permiten limpiar grandes superficies de forma rápida y eficiente.

Equipos y materiales de limpieza

Actualmente, podemos encontrar una amplia variedad de maquinaria, herramientas y productos para realizar las tareas de limpieza. Las principales son:

⮞ **Equipos manuales:**

◍ **Para limpieza en seco.** Mopas, escobas, recogedores, plumeros.
◍ **Para limpieza en húmedo.** Fregonas, cubos (preferiblemente de doble seno, para separar el agua limpia de la sucia), paños de microfibra.

⮞ **Equipos mecánicos (maquinaria):**

◍ **Barredoras industriales.** Para recoger polvo y residuos sólidos en grandes superficies. Pueden ser de conductor a pie o sentado.
◍ **Fregadoras-secadoras industriales.** Proyectan agua con detergente, frotan el suelo con cepillos y aspiran el agua sucia, dejando el suelo limpio y seco en una sola pasada. Son esenciales para el mantenimiento de grandes pasillos.
◍ **Aspiradores industriales.** De mayor potencia y capacidad que los domésticos, preparados para aspirar tanto sólidos como líquidos.
◍ **Hidrolimpiadoras de alta presión.** Utilizan un chorro de agua a presión para desincrustar la suciedad en zonas exteriores o suelos muy resistentes.

◔ **Productos de limpieza.** La elección del producto químico es fundamental y debe hacerse en función del tipo de suciedad y la superficie que tratar:

◊ **Detergentes neutros.** Para la limpieza general de suelos y superficies poco sucias.

◊ **Detergentes alcalinos (desengrasantes).** Para eliminar suciedad de origen orgánico, como grasas y aceites.

◊ **Detergentes ácidos (desincrustantes).** Para eliminar suciedad de origen mineral, como el óxido o el sarro. Deben usarse con mucha precaución.

◊ **Desinfectantes.** Para eliminar microorganismos. Su uso es crucial en almacenes de productos alimentarios o farmacéuticos.

◊ **Absorbentes industriales.** Productos en polvo o granulados (como la sepiolita) que se utilizan para recoger derrames de líquidos (aceites, combustibles, productos químicos) de forma segura.

VÍDEO

En el siguiente vídeo, puedes ver de forma rápida cómo se lleva a cabo la limpieza y el orden en un almacén.

https://redirectoronline.com/3070030403

- -

IMPORTANTE

El concepto de "**orden y limpieza**" en un almacén va mucho más allá de la simple estética de tener un lugar de trabajo recogido. Es una de las medidas de prevención de accidentes más importantes y eficaces que existen. Un pasillo

Continúa en página siguiente >>

<< *Viene de página anterior*

obstruido por un palet, un derrame de aceite no señalizado, restos de film de embalaje en el suelo o una herramienta abandonada, son las causas directas de la mayoría de los tropiezos, resbalones y caídas. Además, en una situación de emergencia, un obstáculo puede impedir una evacuación rápida o ser el origen de un incendio.

Mantener el orden y la limpieza no es una tarea secundaria que se hace "cuando hay tiempo", sino que es una responsabilidad constante y prioritaria de todos los operarios para garantizar su propia seguridad y la de sus compañeros.

Es de vital importancia que todo el personal que manipule productos de limpieza conozca los riesgos asociados. Para ello, es obligatorio disponer de la **ficha de datos de seguridad (FDS)** de cada producto, que informa sobre su composición, peligros, primeros auxilios y equipos de protección necesarios para su manipulación.

 PARA SABER MÁS

¿Quieres conocer para qué sirven la gestión y la utilización de la FDS? Accede al siguiente enlace donde verás toda la información con mayor detalle:

https://redirectoronline.com/3070030404

Gestión de residuos

Un almacén limpio es también un almacén que gestiona adecuadamente sus residuos. Se deben habilitar contenedores específicos para cada tipo de residuo (papel/cartón, plásticos, orgánicos, residuos peligrosos) claramente identificados y ubicados en zonas estratégicas. La correcta segregación en origen facilita el reciclaje y el tratamiento posterior, lo cual incide directamente en la eficiencia de las operaciones de almacenaje.

3. Seguridad y prevención en las operaciones auxiliares de almacenaje

 HILO CONDUCTOR

Javier ha decidido contratar a su primer operario de almacén. Esta decisión le llena de ilusión, pero también de responsabilidad. Sabe que, como empresario, es el máximo responsable de la seguridad de su trabajador. Le vienen a la cabeza todos los posibles peligros: un tropiezo con un palet mal colocado, un corte al abrir una caja, un pisotón con el transpaleta o una lesión de espalda por levantar pesos de forma incorrecta.

¿Cómo puede prevenir estos accidentes? ¿Qué equipos de protección (EPI) son obligatorios? ¿Qué señalización debe instalar en los pasillos?

A lo largo de este apartado, ayudaremos a Javier a realizar su primera evaluación de riesgos, identificando los peligros específicos de su almacén y aplicando las medidas preventivas necesarias para crear un entorno de trabajo seguro, cumpliendo con la ley y garantizando el bienestar de su equipo.

Este apartado es de vital importancia, ya que se centra en aplicar y respetar las medidas de seguridad y prevención de riesgos en el almacén.

La prevención de riesgos laborales es una disciplina que busca promover la seguridad y salud de los trabajadores mediante la identificación, evaluación y control de los peligros y riesgos asociados a un entorno laboral.

No se trata de actuar cuando el accidente ya ha ocurrido, sino de crear un sistema proactivo que evite que suceda.

3.1. Medidas de prevención

Las medidas de prevención son el conjunto de acciones y herramientas que se implementan para eliminar o minimizar los riesgos.

Se pueden clasificar en dos grandes grupos: protecciones colectivas y equipos de protección individual.

Protecciones colectivas

Son aquellas medidas que **protegen a todos los trabajadores de forma simultánea.** La normativa siempre las prioriza sobre las protecciones individuales.

NOTA

La mayoría de las normativas y procedimientos de seguridad están diseñados para prevenir los riesgos técnicos (un fallo en una máquina, una estantería mal anclada, etc.). Sin embargo, las estadísticas demuestran que un altísimo porcentaje de los accidentes en el entorno laboral se deben al "factor humano". La prisa por cumplir un objetivo, el exceso de confianza ("esto lo he hecho mil veces y nunca ha pasado nada"), las distracciones (como usar el teléfono móvil mientras se camina) o, simplemente, el cansancio, pueden hacer que ignoremos un riesgo que conocemos perfectamente. Por ello, la seguridad no es solo un conjunto de reglas que hay que memorizar, sino una actitud proactiva y un estado de atención permanente durante toda la jornada laboral.

VÍDEO

En este vídeo, podrás ver las principales medidas y consejos para evitar accidentes:

Continúa en página siguiente >>

<< *Viene de página anterior*

https://redirectoronline.com/3070030405

Estas protecciones, y dónde deben instalarse, son las que se enumeran a continuación:

Barandillas de seguridad
En zonas elevadas, muelles de carga o fosos para prevenir caídas a distinto nivel.

Redes de seguridad y mallas anticaídas
Se instalan en las estanterías para evitar la caída de mercancías sobre los pasillos de trabajo.

Protecciones y defensas para estanterías
Elementos metálicos que se instalan en las bases de las estanterías para protegerlas de los golpes de las carretillas.

Señalización de seguridad
Es un lenguaje visual universal que advierte de riesgos, obliga a ciertos comportamientos o informa sobre equipos de emergencia.

Resguardos en máquinas
Dispositivos que impiden el acceso a las partes móviles y peligrosas de los equipos (ej.: en cintas transportadoras).

La señalización de seguridad se clasifica por colores y formas:

- **Rojo (prohibición/peligro).** Señales redondas con pictograma negro sobre fondo blanco y borde rojo (ej.: "Prohibido fumar"). También para material de lucha contra incendios.
- **Amarillo/anaranjado (advertencia).** Señales triangulares con pictograma negro y borde negro (ej.: "Riesgo eléctrico").
- **Azul (obligación).** Señales redondas con pictograma blanco (ej.: "Uso obligatorio de casco").

- **Verde (salvamento/auxilio).** Señales rectangulares o cuadradas con pictograma blanco (ej.: "Salida de emergencia", "Botiquín").

 PARA SABER MÁS

Para ver cómo son estas señales y profundizar en su significado y uso, accede al siguiente enlace:

https://redirectoronline.com/3070030406

Equipos de protección individual (EPI)

Son equipos destinados a ser llevados o sujetados por el trabajador para que lo protejan de uno o varios riesgos que puedan amenazar su seguridad o su salud.

Es fundamental que el trabajador reciba formación sobre su uso correcto, mantenimiento y limitaciones.

A continuación, puedes ver un esquema con los tipos de EPI existentes y qué parte de la anatomía protegen:

- **Protección de la cabeza:**

  - **Casco de seguridad.** Obligatorio en zonas con riesgo de caída de objetos o golpes en la cabeza.

- **Protección de los pies:**

  - **Calzado de seguridad.** Con puntera reforzada (contra impactos), plantilla antiperforación (contra pinchazos) y suela antideslizante. Es el EPI más básico y extendido en un almacén.

⊃ **Protección de las manos:**

　◊ **Guantes de protección.** Existen múltiples tipos según el riesgo: contra cortes, abrasiones, productos químicos, riesgos térmicos (frío/calor), etc.

⊃ **Protección del cuerpo:**

　◊ **Ropa de trabajo.** Debe ser cómoda, ajustada para evitar enganchones y de materiales resistentes.
　◊ **Chalecos de alta visibilidad.** Imprescindibles en zonas con tráfico de vehículos y carretillas para garantizar que el trabajador sea visto en todo momento.

⊃ **Protección ocular y facial:**

　◊ **Gafas de seguridad o pantallas faciales.** Para proteger contra la proyección de partículas, salpicaduras de líquidos o polvo.

⊃ **Protección auditiva:**

　◊ **Tapones o cascos antirruido (orejeras).** Obligatorios cuando el nivel de ruido supera los 85 decibelios (dB).

⊃ **Protección respiratoria:**

　◊ **Mascarillas.** Para proteger contra el polvo, gases o vapores.

Algunos de los principales tipos de equipos de protección individual (EPI) que podemos encontrarnos.

 **RECUERDA**

Ten esto siempre en cuenta: la seguridad en el almacén es un compromiso compartido.

Aunque la empresa tiene la obligación legal de proporcionar un entorno seguro, formación y los equipos de protección necesarios, la responsabilidad final recae en todos y cada uno de los trabajadores.

Cada operario es responsable de usar correctamente sus EPI, de seguir los procedimientos de seguridad, de mantener el orden y la limpieza en su zona y de informar sobre cualquier condición peligrosa que detecte.

3.2. Hábitos de trabajo

De nada sirven las mejores medidas de seguridad si no van acompañadas de unos hábitos de trabajo seguros por parte de todo el personal. La actitud y el comportamiento son factores clave en la prevención.

Cultura de seguridad

Una cultura de seguridad positiva es aquella en la que todos los miembros de la organización, desde la dirección hasta el operario de almacén, comparten el compromiso con la seguridad y la prevención. Esto implica:

Responsabilidad personal	Cada trabajador es responsable de su propia seguridad y de la de sus compañeros.
Comunicación abierta	Se debe poder informar sobre cualquier condición insegura sin temor a represalias.
Formación continua	La seguridad no es algo que se aprende una vez y se olvida. Requiere de recordatorios y actualizaciones constantes.

Principios básicos de un comportamiento seguro

Los aspectos fundamentales que debemos tener en cuenta para generar conductas y formas de proceder seguras en el trabajo son:

- **Atención y concentración.** Evitar distracciones (como el uso del teléfono móvil) al realizar tareas, especialmente al manejar maquinaria o circular por el almacén.
- **Orden y limpieza personal.** Mantener el puesto de trabajo ordenado y limpio no es solo tarea del equipo de limpieza, sino una responsabilidad individual.
- **Manipulación manual de cargas.** Es una de las principales fuentes de lesiones. El método correcto para levantar una carga es:

  1. Apoyar los pies firmemente.
  2. Doblar las rodillas, no la espalda (hacer la fuerza con las piernas).
  3. Mantener la espalda recta.
  4. Sujetar la carga firmemente con ambas manos, pegada al cuerpo.
  5. Levantarse suavemente, estirando las piernas.

- **Uso correcto de equipos.** Utilizar cada herramienta y máquina para la función para la que fue diseñada y seguir siempre las instrucciones del fabricante y las normas de seguridad de la empresa.
- **Prohibiciones.** Respetar las prohibiciones de fumar en zonas no autorizadas, no correr por las instalaciones, no realizar bromas o juegos que puedan poner en peligro a otros y no operar maquinaria sin la autorización y formación adecuadas.

3.3. Normas de actuación en caso de emergencias e incendios

A pesar de todas las medidas preventivas, las emergencias pueden ocurrir. Un plan de autoprotección y una formación adecuada son esenciales para saber cómo reaccionar de forma rápida y eficaz, minimizando los daños personales y materiales.

Plan de prevención de emergencias

Toda empresa debe tener un plan de prevención que establezca:

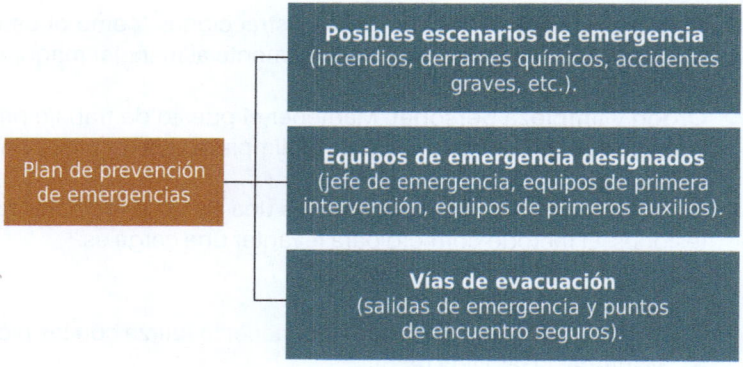

Actuación en caso de incendio

El fuego es uno de los mayores riesgos en un almacén. Para que se inicie, se necesita la confluencia de cuatro elementos: **combustible** (material que arde), **comburente** (oxígeno), **energía de activación** (calor), conocidos como "triángulo del fuego" y **reacción en cadena.** La extinción se basa en eliminar uno de estos elementos.

Existen distintas **clases de fuego** que es importante que conozcamos, sobre todo porque, dependiendo del tipo que sea, la forma de extinguirlo será distinta:

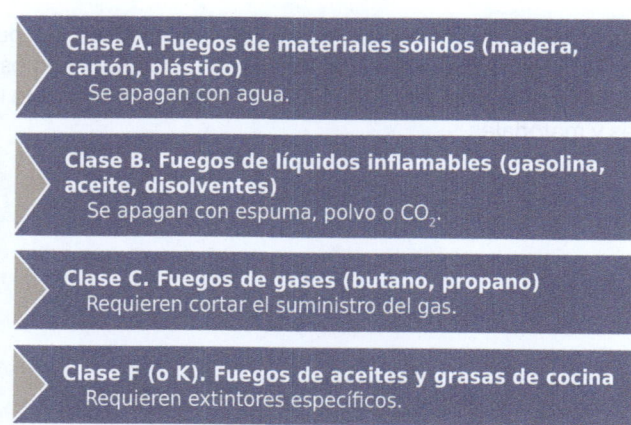

En cuanto a los **medios de extinción de incendios,** fundamentalmente nos encontramos con los siguientes:

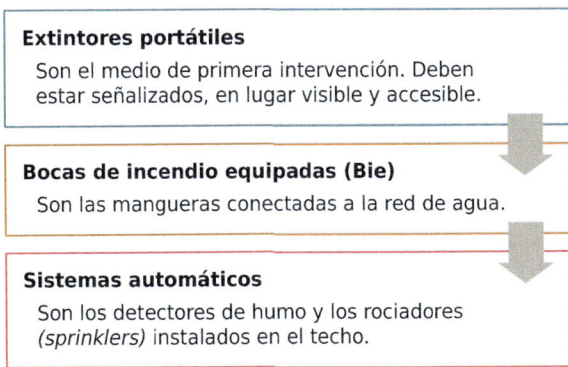

Extintores portátiles

Son el medio de primera intervención. Deben estar señalizados, en lugar visible y accesible.

Bocas de incendio equipadas (Bie)

Son las mangueras conectadas a la red de agua.

Sistemas automáticos

Son los detectores de humo y los rociadores *(sprinklers)* instalados en el techo.

En lo referente al **uso de un extintor,** los **pasos que seguir** son los siguientes:

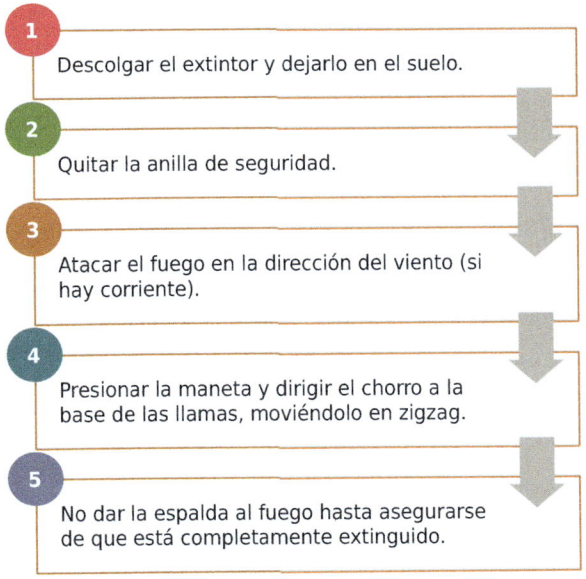

1 Descolgar el extintor y dejarlo en el suelo.

2 Quitar la anilla de seguridad.

3 Atacar el fuego en la dirección del viento (si hay corriente).

4 Presionar la maneta y dirigir el chorro a la base de las llamas, moviéndolo en zigzag.

5 No dar la espalda al fuego hasta asegurarse de que está completamente extinguido.

Actuación en caso de accidente (protocolo PAS)

Ante cualquier accidente con heridos, se debe seguir la **pauta de conducta PAS:**

1. Proteger	- El lugar del accidente y a uno mismo. Asegurar la zona para evitar que el accidente se agrave o que otras personas resulten heridas (señalizar, cortar la corriente si hay riesgo eléctrico, etc.). La seguridad del auxiliador es la prioridad.
2. Avisar	- A los servicios de emergencia llamando al 112. Es crucial dar la información de la forma más clara y precisa posible: - Lugar exacto del accidente. - Tipo de accidente (caída, atropello, etc.). - Número de heridos y su estado aparente. - Identificarse y facilitar un número de contacto.
3. Socorrer	- Atender a la víctima o víctimas, aplicando los primeros auxilios básicos si se tienen los conocimientos para ello. La regla de oro es no hacer más daño. Si no se sabe cómo actuar, es mejor limitarse a tranquilizar a la víctima y esperar a los servicios sanitarios, asegurándose de que respira y no se mueve si se sospecha de lesiones en la columna.

Trabajadores tras un accidente aplicando el protocolo PAS

ACTIVIDAD 4

El operario de Calzados Pisafuerte está a punto de empezar su turno y, al realizar la inspección diaria del apilador eléctrico, descubre que ha goteado un poco de aceite hidráulico, dejando una pequeña mancha resbaladiza en mitad de un pasillo principal.

Según las normas de seguridad, prevención, orden y limpieza estudiadas, ¿cuál es la primera acción que debe realizar?

ACTIVIDAD COMPLEMENTARIA

4. Javier ya conoce las normas de seguridad y la importancia de los EPI para su operario en Calzados Pisafuerte. Ahora, para cumplir con la normativa y, sobre todo, para prevenir accidentes, necesita instalar la señalización de seguridad en su almacén. Sabe lo que significan los colores y las formas, pero no está seguro de qué señales concretas son obligatorias o recomendables ni dónde exactamente debe colocarlas para que sean eficaces.

Investiga en internet (buscando en el Instituto Nacional de Seguridad y Salud en el Trabajo (INSS) o en webs de empresas que venden señalización) los tipos de señales de seguridad más comunes en un almacén logístico. Además, clasifica las señales en cuatro categorías: de prohibición, de advertencia, de obligación y de salvamento/equipos contra incendios.

---

4. Resumen

Los conceptos clave que sustentan la seguridad, la higiene y la prevención en el entorno del almacén pasan por establecer una conexión directa entre un entorno limpio y ordenado y la eficiencia operativa, demostrando que no es una cuestión estética, sino una herramienta de gestión preventiva fundamental.

Para la creación de entornos de trabajo seguros y saludables, hay que analizar desde las condiciones estructurales y ambientales hasta la implementación de metodologías sistemáticas como las 5S. Además, hemos detallado los métodos, equipos y materiales de limpieza profesionales, subrayando la importancia de un plan de limpieza estructurado y una correcta gestión de residuos.

Es muy importante aplicar de forma exhaustiva las medidas de prevención, diferenciando entre la protección colectiva, que debe ser siempre prioritaria, y los equipos de protección individual (EPI), nuestra última barrera de defensa. Hemos insistido en que la tecnología y los equipos no son suficientes si no se cultivan hábitos de trabajo seguros y una sólida cultura preventiva en la organización.

Es imprescindible preparar el terreno para la acción en los momentos más críticos, estableciendo las pautas de actuación en caso de emergencias, incendios y accidentes, a través del conocimiento de los planes de autoprotección, el uso de medios de extinción y la aplicación del vital protocolo PAS.

Recuerda siempre que **la seguridad es una inversión, no un coste.** Es una responsabilidad compartida que define a los verdaderos profesionales del sector. Interiorizar y aplicar estos conocimientos en el día a día permitirá el desarrollo profesional en un entorno más seguro y productivo para todos.

A continuación, tienes un esquema para visualizar los contenidos de forma clara y concisa:

1. Identificación de riesgos y peligros
- **Riesgos más comunes:** caídas y resbalones; golpes y cortes; caída de objetos; atropellos con vehículos; sobreesfuerzos cargas; incendios y explosiones.
- **Consecuencias:** accidentes de trabajo; enfermedades profesionales.

2. Medidas de prevención y protección
- **Protección colectiva (siempre prioritaria):** barandillas, resguardos, redes anticaídas, ventilación.
- **Equipos de protección individual (EPI - última barrera):** calzado, guantes, casco, chalecos, etc.
- **Señalización de seguridad (código visual):** rojo (prohibición, peligro, antiincendios), amarillo (advertencia), azul (obligación), verde (salvavento, auxilio).

Continúa en página siguiente >>

<< Viene de página anterior

3. Orden y limpieza como prevención activa
- **Principio fundamental:** la suciedad y el desorden son causa directa de accidentes.
- **Metodología de las 5S:** seiri (clasificar); seiton (ordenar); seiso (limpiar); seiketsu (estandarizar); shitsuke (mantener disciplina).

4. Actuación en caso de emergencia
- **Plan prevención emergencias:** conocer las rutas de evacuación y los puntos de encuentro.
- **Lucha contra incendios:** identificar tipo de fuego; uso del extintor.
- **Primeros auxilios (protocolo PAS):** proteger, avisar, socorrer.

Ejercicios de autoevaluación
Unidad de aprendizaje 4

1. **¿Qué indica una señal de seguridad de forma circular con el fondo azul en un almacén?**

   a. Una prohibición
   b. Una advertencia de peligro
   c. Una acción obligatoria
   d. Una vía de evacuación

2. **Ante un accidente, ¿cuál es la secuencia correcta de actuación según el protocolo PAS?**

   a. Socorrer, proteger y avisar.
   b. Avisar, socorrer y proteger.
   c. Proteger, avisar y socorrer.
   d. Proteger, socorrer y avisar.

3. **Según la teoría del "triángulo del fuego", ¿qué tres elementos son necesarios para que se inicie un incendio?**

   a. Combustible, extintor y calor.
   b. Oxígeno, nitrógeno y combustible.
   c. Combustible, comburente (oxígeno) y energía de activación (calor).
   d. Madera, gasolina y electricidad.

4. **¿Cuál es la técnica correcta para levantar manualmente una caja pesada del suelo y prevenir lesiones de espalda?**

   a. Doblar la espalda manteniéndola curvada y hacer fuerza con los riñones.
   b. Mantener las piernas rectas y estiradas y tirar de la caja hacia arriba.
   c. Flexionar las rodillas (ponerse en cuclillas), mantener la espalda recta y hacer la fuerza con las piernas.
   d. Coger la caja con una sola mano para tener la otra libre y poder apoyarse.

5. En la jerarquía de las medidas de prevención de riesgos, ¿qué tipo de protección debe priorizarse siempre sobre la protección individual?

    a. La señalización de seguridad
    b. La formación de los trabajadores
    c. La protección colectiva
    d. La reducción de la jornada laboral

6. Dentro de la metodología de las 5S para el orden y la limpieza, la primera "S" *(seiri)* consiste en:

    a. Limpiar en profundidad el puesto de trabajo.
    b. Separar lo necesario de lo innecesario y eliminar lo que no sirve.
    c. Ordenar y dar un lugar a cada cosa.
    d. Estandarizar los procesos para que la suciedad no vuelva a aparecer.

7. Un incendio originado por la combustión de un líquido inflamable como el aceite o la gasolina se clasifica como un fuego de:

    a. Clase A (sólidos).
    b. Clase B (líquidos).
    c. Clase C (gases).
    d. Clase D (metales).

8. ¿Cuál de los siguientes se considera un equipo de protección individual (EPI) fundamental y obligatorio en la mayoría de las zonas de un almacén?

    a. Mascarilla autofiltrante
    b. Calzado de seguridad con puntera reforzada
    c. Tapones para los oídos
    d. Gafas de protección contra salpicaduras

9. **La principal diferencia entre un accidente de trabajo y una enfermedad profesional es que:**

   a. El accidente ocurre fuera del horario laboral y la enfermedad dentro.
   b. El accidente es un suceso súbito y puntual, mientras que la enfermedad se contrae de forma progresiva en el tiempo.
   c. El accidente no requiere baja médica y la enfermedad sí.
   d. No hay ninguna diferencia; son términos sinónimos.

10. **¿Cuál de estas acciones se considera una de las medidas de prevención activas más eficaces contra resbalones, tropiezos y caídas?**

    a. Realizar pausas de descanso cada hora.
    b. Contratar un seguro de accidentes.
    c. Instalar un sistema de ventilación forzada.
    d. Mantener un excelente nivel de orden y limpieza en todas las zonas de paso.

Glosario

Accidente de trabajo
Todo suceso repentino que sobrevenga por causa o con ocasión del trabajo y que produzca en el trabajador una lesión orgánica, una perturbación funcional, una invalidez o la muerte.

AGV *(automated guided vehicle/vehículo de guiado automático)*
Robot de transporte que se desplaza de forma autónoma siguiendo una ruta predefinida (líneas en el suelo, balizas láser, etc.).

Albarán
Documento mercantil que acompaña a la mercancía en su entrega y que debe ser firmado por el receptor para dar fe de su conformidad (o disconformidad).

Almacén
Espacio físico planificado para la ubicación, custodia y control de mercancías, que actúa como un nodo regulador del flujo de materiales entre la oferta y la demanda.

AMR *(autonomous mobile robot/robot móvil autónomo)*
Robot de transporte que, a diferencia del AGV, utiliza mapas e inteligencia artificial para crear sus propias rutas y esquivar obstáculos en tiempo real.

Apilador
Equipo de manutención, evolución de la transpaleta, que incorpora un mástil para elevar los palés a baja o media altura. Ideal para cargar/descargar y apilar en estanterías.

Cadena de suministro *(supply chain)*
Conjunto de actividades, instalaciones y medios de distribución necesarios para llevar a cabo el proceso de venta de un producto en su totalidad, desde la búsqueda de materias primas y su posterior transformación hasta la fabricación, transporte y entrega al consumidor final.

Carretilla contrapesada
El tipo de carretilla elevadora más común y versátil. Utiliza un gran contrapeso en su parte trasera para equilibrar la carga que levanta con sus horquillas.

Carretilla retráctil
Carretilla elevadora especializada en trabajar en pasillos estrechos y a gran altura, gracias a su mástil, que se desplaza hacia adelante y atrás.

Cross-docking
Técnica logística que consiste en recibir mercancía y despacharla directamente, sin almacenarla. La mercancía "cruza el muelle" de entrada al de salida en un tiempo muy breve.

Enfermedad profesional
Aquella contraída a consecuencia del trabajo ejecutado por cuenta ajena en las actividades que se especifiquen en el cuadro de enfermedades profesionales y que esté provocada por la acción de los elementos o sustancias que en dicho cuadro se indiquen para cada enfermedad.

EPI (equipo de protección individual)
Cualquier equipo destinado a ser llevado o sujetado por el trabajador para que le proteja de uno o varios riesgos que puedan amenazar su seguridad o su salud en el trabajo.

Estantería
Estructura metálica, normalmente modular, diseñada para el almacenamiento y la optimización del espacio vertical en un almacén.

Europalé
El tipo de palé estandarizado más utilizado en Europa, con unas medidas de 1.200 x 800 mm.

Flujo de mercancías
Movimiento y recorrido que siguen los productos a través de las diferentes zonas y procesos del almacén, desde su recepción hasta su expedición.

Horquillas
Parte de la carretilla elevadora formada por dos brazos de acero que se introducen bajo el palé o la carga para poder levantarla y transportarla.

Lay-out
Término inglés que se refiere al plano o la disposición física de los elementos (estanterías, pasillos, muelles, zonas de trabajo) dentro de un almacén.

Manutención
Conjunto de operaciones de traslado, elevación, posicionamiento y manipulación de materiales y productos dentro del almacén.

Mástil
Componente vertical de una carretilla elevadora o apilador que permite la elevación y descenso de las horquillas.

Muelle de carga/descarga
plataforma situada en la pared del almacén que se alinea con la caja de los camiones para facilitar el trasvase de mercancía.

Palé (o palet)
Plataforma horizontal, generalmente de madera, que sirve como base para agrupar, apilar, manipular y transportar mercancías como una unidad de carga.

PAS (proteger, avisar, socorrer)
Protocolo de actuación secuencial y estandarizado ante un accidente.

Picking (preparación de pedidos)
Proceso de recogida y combinación de artículos sueltos o cajas para conformar el pedido de un cliente.

Protección colectiva
Técnica de seguridad cuya finalidad es la protección simultánea de varios trabajadores expuestos a un determinado riesgo (ej.: barandillas, redes de seguridad). Debe priorizarse siempre sobre la protección individual.

Riesgo laboral
Posibilidad de que un trabajador sufra un determinado daño derivado del trabajo.

SGA (sistema de gestión de almacenes)
Software especializado que gestiona y optimiza toda la operativa de un almacén, desde la ubicación de mercancías hasta el control de inventario y la preparación de pedidos.

SKU *(stock keeping unit/*unidad de mantenimiento de *stock)*
Número de referencia único que se asigna a cada producto para su identificación y seguimiento en el inventario.

Stock
Conjunto de mercancías o productos que se tienen almacenados a la espera de su venta o utilización.

Trazabilidad
Capacidad de seguir el rastro y la historia de un producto a lo largo de toda la cadena de suministro, desde su origen hasta su destino final.

Transelevador
Equipo de almacenaje totalmente automatizado, similar a una grúa, que se desplaza por pasillos muy estrechos para colocar y retirar palés o cajas a gran altura.

Transpaleta
Equipo de manutención básico, manual o eléctrico, utilizado para el transporte horizontal de palés a nivel de suelo.

Triángulo de estabilidad
Concepto teórico que representa la zona dentro de la cual debe permanecer el centro de gravedad combinado (carretilla + carga) para evitar el vuelco del vehículo.

Ubicación fija
Sistema de almacenamiento donde cada producto tiene asignado un lugar específico y exclusivo en las estanterías.

Ubicación aleatoria (o caótica)
Sistema de almacenamiento en el que los productos se colocan en cualquier hueco disponible, gestionado por un SGA para optimizar el espacio.

Unidad de carga
Agrupación básica de mercancías dispuesta sobre un soporte (como un palé o un contenedor) para facilitar su manejo y transporte.

Bibliografía

Monografías

→ ABELAIRA Sarmiento, G.: *Gestión básica del almacén. COMT07.* Antequera: IC Editorial, 2025.

> Un manual muy completo que explica de forma muy didáctica las actividades, funciones y áreas de un almacén para realizar las operaciones básicas de forma eficaz y segura.

→ ANAYA Tejero, J. J.: *Almacenes y centros de distribución: Diseño y organización.* Madrid: ESIC Editorial, 2015.

> Una obra fundamental y muy completa en español que aborda en profundidad el diseño, la organización y la gestión de almacenes.

→ ESCUDERO Serrano, M. J.: *Logística de almacenamiento.* Madrid: Editorial Paraninfo, 2013.

> Este libro es un manual práctico y didáctico que cubre todas las operativas del almacén, desde la recepción hasta la expedición, incluyendo una descripción detallada de los equipos de manutención.

→ FERNÁNDEZ García, R.: *Manual de prevención de riesgos laborales para no iniciados.* Madrid: Editorial Tébar Flores, 2016.

> Un manual perfecto para iniciarse en la prevención de riesgos. Explica de forma clara y sencilla los conceptos, la normativa y las obligaciones en materia de seguridad y salud.

→ FERRÍN Gutiérrez, A. *Gestión de stocks en logística de almacenes* (2.ª edición). Madrid: FC Editorial, 2007.

> Esta obra aborda los aspectos principales de la gestión de stocks de almacén, desde su operativa hasta su administración financiera.

→ MORA, L. A. *Gestión logística integral: Las mejores prácticas en la cadena de abastecimiento.* Barcelona: Marge Books, 2012.

Ofrece una visión más amplia de la logística, situando al almacén como un eslabón clave dentro de la cadena de suministro global. Ayuda a comprender la importancia estratégica de una buena gestión de almacén.

→ RODRÍGUEZ Roel, R.: *Guía de seguridad en procesos de almacenamiento y manejo de cargas*. [s. l.]: FREMAP, 2015.

Esta guía profundiza en el análisis de las exigencias en materia de seguridad, utilización y mantenimiento en los procesos de manipulación de cargas en un almacén.

→ RODRÍGUEZ Roel, R.: *Manual de seguridad de los útiles de elevación de cargas*. [s. l.]: FREMAP, 2012.

Este manual ofrece un enfoque práctico y transversal centrado en los requisitos en materia de seguridad en el manejo de los útiles de elevación de cargas, en el que se muestran los criterios y principales modelos de referencia acerca de los procedimientos de compra, las revisiones periódicas, el mantenimiento o los aspectos que considerar cuando se fabrican útiles para uso propio, entre otros.

→ ROUX, M.: *Manual de logística para la gestión de almacenes*. Barcelona: Ediciones Gestión 2000, 2003.

Esta publicación ofrece una visión completa sobre el diseño del almacén, ya sea una nueva instalación o el rediseño de uno ya existente.

→ SORET, I. *Logística y operaciones en la empresa*. Madrid: ESIC Editorial, 2016.

Un texto muy completo que abarca no solo el almacenaje, sino también la gestión de *stocks*, aprovisionamiento y distribución. Ideal para quienes quieran tener una perspectiva integral de las operaciones logísticas.

Textos electrónicos

→ Guía técnica para la evaluación y prevención de los riesgos relativos a la manipulación manual de cargas, de: <https://www.insst.es/documents/94886/203536/Guia+tecnica+para+la+evaluacion+y+prevencion+de+los+riesgos+relativos+a+la+manipulacion+manual+de+cargas+2024.pdf/1a9e4b63-97d2-ef40-6345-38828e39f249?t=1730985722268>.

Recurso clave para entender y prevenir los riesgos derivados del sobreesfuerzo, uno de los accidentes más comunes en el almacén.

→ Normativa nacional de equipos de elevación y manutención: Listado de NTP, de: <https://www.insst.es/normativa/equipos-de-trabajo/equipos-de-elevacion-y-manutencion/listado-de-ntp>.

Recoge todo el listado completo de normativas para equipos de elevación y manutención de mercancías.

→ NTP 0715: Carretillas elevadoras automotoras (III): Mantenimiento y utilización segura, de: <https://www.insst.es/documentacion/colecciones-tecnicas/ntp-notas-tecnicas-de-prevencion/20-serie-ntp-numeros-681-a-715-ano-2005/ntp-715-carretillas-elevadoras-automotoras-iii-mantenimiento-y-utilizacion>.

Las Notas Técnicas de Prevención del INSST son documentos de referencia obligada. Esta, en concreto, es esencial para cualquier operario de carretillas, ya que detalla todos los aspectos de seguridad relacionados con su uso.

Legislación

→ Ley 31/1995, de 8 de noviembre, de prevención de riesgos laborales.

Es la ley marco que regula la seguridad y salud en el trabajo en España. Todo trabajador debe conocer sus principios básicos, derechos y obligaciones.

→ Real Decreto 486/1997, de 14 de abril, por el que se establecen las disposiciones mínimas de seguridad y salud en los lugares de trabajo.

Este real decreto es de aplicación directa a los almacenes, ya que regula aspectos como las dimensiones de los locales, suelos, pasillos, iluminación, orden y limpieza.